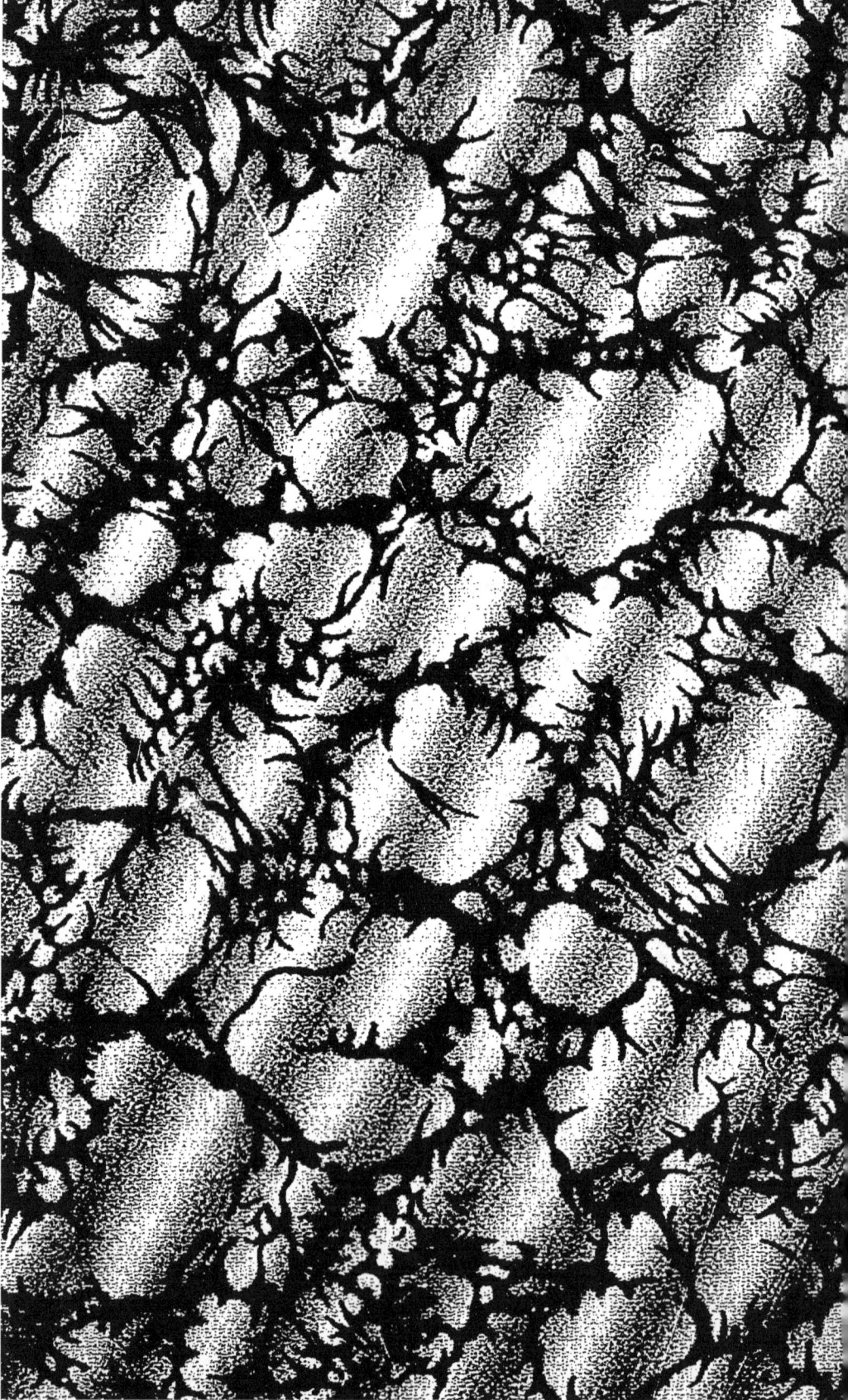

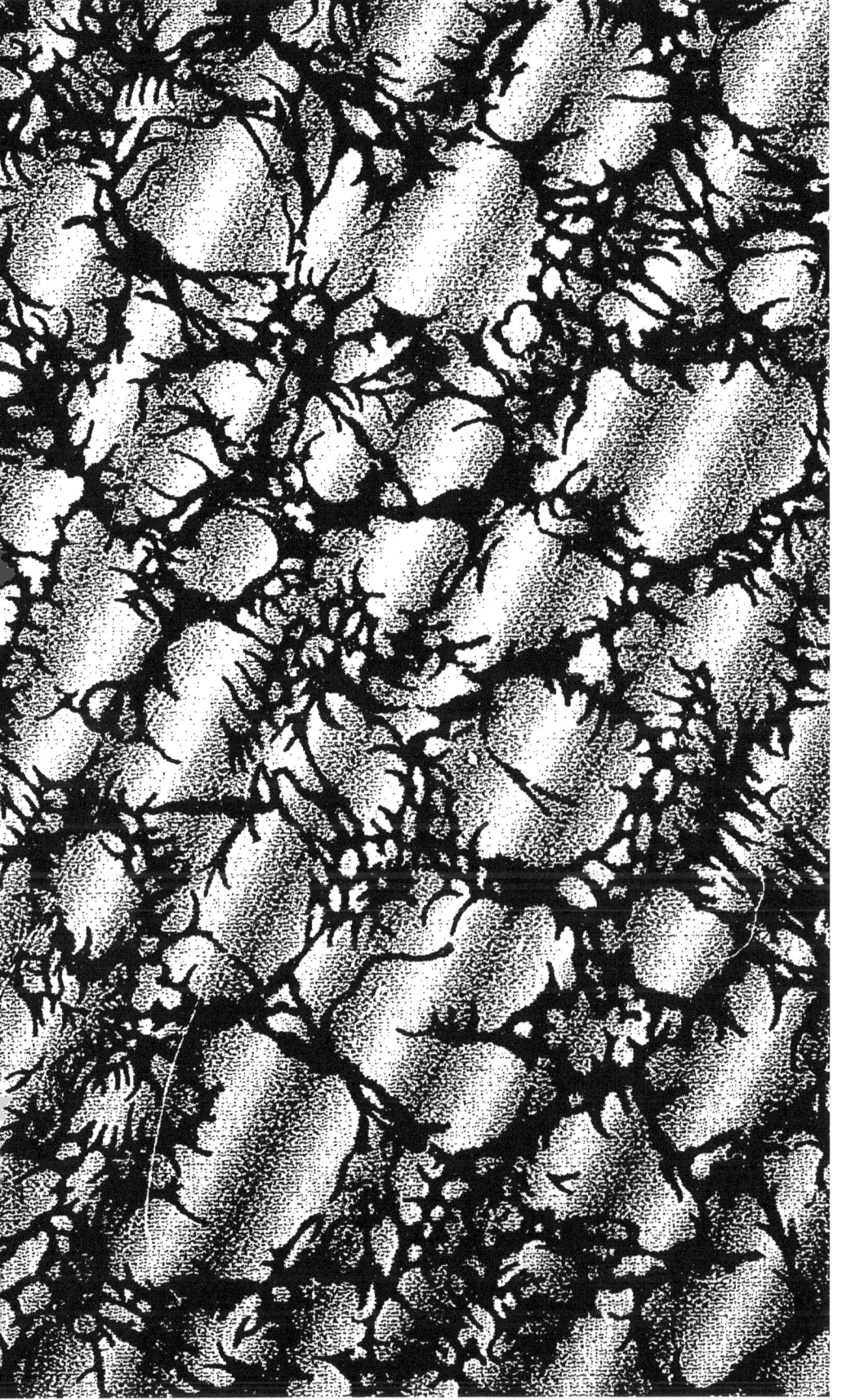

Coquelicot

THÉATRE

DES

DÉBUTANTS

PARIS
LIBRAIRIE DE FIRMIN-DIDOT ET Cie
IMPRIMEURS DE L'INSTITUT,
56, RUE JACOB, 56

THÉATRE
DES
DÉBUTANTS

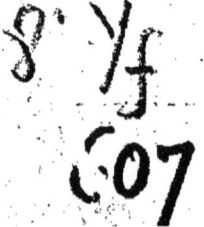

DU MÊME AUTEUR

ROSE DE NOEL, comédie en 2 actes (4 personnages)   75 c.

UN TÊTE A TÊTE, saynète (3 personnages) . . . . .   75 c.

Coquelicot

THÉATRE

DES

DÉBUTANTS

PARIS

LIBRAIRIE DE FIRMIN-DIDOT ET CIE

IMPRIMEURS DE L'INSTITUT

56, RUE JACOB, 56

PRÉFACE.

La comédie de salon devient fort à la mode et nous pensons que cette année elle aura grande vogue pendant les vacances.

Nous espérons donc être agréables à nos jeunes lecteurs en leur offrant aujourd'hui ce petit recueil de saynètes variées. Ils y trouveront des scènes courtes et faciles, pouvant être apprises par de très jeunes enfants; telles que : *la Tirelire, Poisson d'avril, Colloque* et *la Devise du grand-père Mathieu*. D'autres : *Une Présentation, Noël, la Ligue, l'Ouverture de la chasse* et *Conspirations* sont à la portée d'enfants de 8 à 15 ans. Les interprètes plus ambitieux, ceux qui voudront se donner la peine d'apprendre des rôles un peu plus longs et plus difficiles trouveront dans *Fleur de neige*, une *Troupe d'amateurs*, *Double conversion* et les *Filleuls de Monsieur Bonamy* des comédies demandant plus de travail pour être convenablement interprétées, mais aussi leur promettant plus de succès. Ceux qui ne recherchent pas la note gaie, mais ils ne doivent pas être nombreux, pourront apprendre *les Deux Cousins*.

Si, parmi nos lecteurs, il s'en trouvait quelques-uns qui, recherchant des conditions spéciales, ne les eussent pas trouvées dans cette série, ils me feraient un vrai plaisir en formulant leurs désirs et je pense que *la Mode illustrée* ou le *Journal de ma fille* donnerait volontiers asile aux nouvelles saynètes demandées.

Quelques conseils pour l'organisation d'un théâtre improvisé ne seront peut-être pas inutiles.

Si vous désirez que votre petite scène soit distincte de l'emplacement réservé aux spectateurs, vous pouvez la séparer par une rangée de pots de fleurs disposés en cercle et garnis de mousse, ou bien, encore, par un morceau d'étoffe drapé sur une corde tendue. Vous pouvez éclairer votre scène en dissimulant derrière les pots de fleurs quelques lampes ou bougies. Mais tout cela dans le cas où ce ne serait pas un trop grand dérangement pour vos parents; il faut, autant que possible, que les plaisirs des enfants ne soient ni un ennui ni une occupation pour personne et l'on peut s'amuser beaucoup sans bouleverser toute la maison.

Je suis persuadé que vous apprendrez facilement vos rôles, c'est-à-dire que la mémoire ne vous fera pas défaut; mais ce n'est pas tout de savoir son rôle, il faut le bien dire, et pour cela il est indispensable de le travailler sérieusement. Tâchez de vous mettre par la pensée à la place du personnage que vous voulez représenter afin d'avoir des intonations justes. Ne parlez ni trop vite ni trop bas et ne vous pressez pas de donner la réplique à la personne qui est en scène avec vous. Ne faites pas dire de vous que vous récitez comme des perroquets bien dressés.

Il faut penser aussi à ne jamais tourner le dos au public.

Et maintenant, bonne chance, mes amis. Je compte sur vos efforts et vos succès pour réhabiliter la comédie de salon qui a été longtemps peu appréciée; on a souvent dit qu'elle amusait beaucoup plus ceux qui la jouent que ceux qui l'écoutent; la faute en est aux acteurs qui ne se donnent pas la peine de travailler suffisamment leurs rôles pour intéresser les oreilles complaisantes disposées à les écouter.

Quant aux applaudissements, je n'ai pas besoin de vous en souhaiter; l'indulgence d'un public composé de parents et d'amis vous en réserve certainement, mais il faut les mériter.

Coquelicot.

LES FILLEULS

DE MONSIEUR BONAMY

COMÉDIE EN DEUX ACTES.

LES FILLEULS

DE MONSIEUR BONAMY

COMÉDIE EN DEUX ACTES.

PERSONNAGES
{
M. Bonamy, vieux garçon.
Théophile Berton, son filleul, 25 ans.
Théophile Derville, son filleul, 22 ans.
Théophile Béraud, son filleul, 13 ans.
Colombe Derwin, sa filleule, 18 ans.
Cyprien, domestique.
}

La scène se passe à la campagne chez M. Bonamy.

Le théâtre représente une cuisine.

A la levée du rideau, personne en scène, afin que les spectateurs aient le temps de lire la pancarte. En face des spectateurs, un grand tableau noir sur lequel est écrit en gros caractères le menu de la journée.

Samedi 3 septembre.

A 5 heures du matin, café au lait pour le numéro 7. (Ne pas oublier le blé cuit et les asticots.) A 7 heures, porter au numéro 13 son chocolat dans son lit. A 8 heures, tapioca pour monsieur.

Second déjeuner à 11 heures.

OEufs à la coque : (En petit lait pour monsieur, un peu plus cuit pour le numéro 13, presque durs pour le numéro 7).

Beefsteak au cresson (très cuit pour monsieur et le numéro 13, saignant pour le numéro 7).

Macaroni (au gratin pour monsieur, à l'italienne pour les numéros 7 et 13).

Dîner à 7 heures.

Potage maigre, consommé pour les entrailles du numéro 13. Matelotte et friture, anguille à la tartare. Rôti de bœuf et salade.

Café pour monsieur, thé pour le numéro 7, camomille pour le numéro 13.

SCÈNE I.

CYPRIEN, entre.

Ah! mon Dieu, j'ai oublié de gratter mes poissons. (Il s'assied et se met à l'œuvre. Un silence.) Voyons, relisons notre pancarte... Si je n'inscrivais pas tout ce que j'ai à faire, je ne m'y retrouverais jamais... c'est si compliqué! (Il lit.) A 5 heures, café au lait pour le numéro 7... Demain, je ne ferai pas grasse matinée : à 4 heures et demie, il faut être sur pied pour faire chauffer le lait de M. Théophile 7. (Il lit). Ne pas oublier le blé cuit et les asticots. Ah quel enragé pêcheur!... il en perd le sommeil, mais pas l'appétit... Il faut bien reconnaître qu'il est bigrement adroit!... Là où les autres ne verraient que de l'eau, il découvre des anguilles, des carpes, des truites saumonées... il jetterait sa ligne dans une cuve d'eau filtrée, je crois que ça mordrait... aussi, tant qu'il est là, trois plats de poisson à chaque repas... Ah, ce serait un homme précieux en carême!... (Il lit.) A 7 heures, chocolat au lait pour le numéro 13... Pauvre petit Théophile 13! En voilà un qui n'a pas eu de chance : orphelin à six mois, ça n'a jamais été choyé, dorloté; aussi c'est frêle, délicat, ça ne tient qu'à un fil... Le médecin a recommandé qu'il ne respire pas l'air du matin, surtout ici où les matinées sont fraîches; alors pour le faire patienter, je lui dis qu'il pleut, qu'il fait du vent, du brouillard, je lui conte un tas de blagues pour le faire tenir tranquille parce qu'une fois lâché, c'est comme un cheval échappé : il grimpe partout... il doit avoir du sang d'écureuil dans les veines, ce petit-là! Et comme il n'est pas chanceux, il lui arrive toujours quelque accident : ce qu'il a dégringolé d'escaliers, d'échelles ; ce qu'il a attrapé de bosses, de torgnoles !... Du reste, c'est de naissance sa déveine : il est né le 13 mars, il a été baptisé le 13 mai et il s'est trouvé être le treizième filleul de monsieur... Quand on est poursuivi par une malechance pareille, il faut s'attendre à tout... aussi je crois qu'il sent cela : à le voir filer, on dirait toujours que la guigne est sur ses talons et qu'il court pour lui échapper... Ah j'entends la voix de monsieur...

SCÈNE II.

CYPRIEN, M. BONAMY.

BONAMY.

Cyprien, tu mettras ce soir un couvert de plus, mon filleul arrive aujourd'hui.

CYPRIEN.

Votre filleul ?... Lequel, Monsieur.

BONAMY.

Théophile.

CYPRIEN.

Mais Monsieur oublie qu'il a treize filleuls, et que sur les treize, il y en a dix qui s'appellent Théophile.

BONAMY.

Puisque c'est mon nom, je ne pouvais guère les nommer autrement.

CYPRIEN.

C'est vrai, mais il n'est pas facile de s'y reconnaître. Monsieur aurait peut-être mieux fait d'agir comme il l'a fait pour les deux jumeaux qu'il a nommés Théo...dore et Théo...dule. Tout en conservant le commencement du nom de Monsieur, la terminaison aurait servi à les distinguer.

BONAMY.

Je n'aurais jamais trouvé treize noms commençant par Théo.

CYPRIEN.

Pardon, Monsieur, j'ai consulté l'almanach et... mes souvenirs et Monsieur aurait pu les nommer : (très vite comme quelqu'un qui récite.) Théocrite, Théodose, Théodebald, Théodebert, Théodoric, Théophraste, Théo....

BONAMY, l'interrompant.

Assez, assez! Il est trop tard, je ne peux pas les débaptiser.

CYPRIEN.

Je dis ça à Monsieur pour l'avenir.

BONAMY.

Merci! J'espère bien n'avoir pas de nouveaux filleuls.

CYPRIEN.

Ah, Monsieur est encore trop jeune pour s'en tenir là !

BONAMY.

Enfin celui qui arrive aujourd'hui c'est Théophile Berton.

CYPRIEN.

Théophile Berton?... (Il cherche.) Si Monsieur voulait le désigner par son numéro, ça me reviendrait tout de suite.

BONAMY.

Est-ce que je sais à quel numéro il répond !

CYPRIEN.

Ah, monsieur y viendra aux numéros; c'est le seul moyen de s'y reconnaître.... Théophile Berton... attendez donc... ah c'est un petit roux sans barbe.

BONAMY.

Pas du tout : c'est un grand blond qui a des moustaches en crocs.

CYPRIEN.

Ah, j'y suis; un grand maigre, très beau garçon, celui qui embrassait toujours la femme de chambre. C'est le numéro 4.

BONAMY.

Comment, il embrassait la femme de chambre?

CYPRIEN.

Oh, histoire de rire. C'est jeune, c'est gai.

BONAMY.

Mais je ne veux pas de cela.

CYPRIEN.

Mon Dieu, Monsieur, ne vous fâchez pas ; je me trompe peut-être, c'était sans doute Claudine, la petite laitière ou Pierrette, la fille du meunier. (A part.) Je suis sûr de tomber juste, il les embrassait toutes les trois. (Regardant à la fenêtre.) Ah voilà votre filleul, M. Théo 7 qui revient de la pêche.

BONAMY.

Je vais consulter l'indicateur pour savoir à quelle heure arrive Théophile. (Il sort.)

SCÈNE III.

CYPRIEN, seul.

Je serai peut-être obligé de changer le menu du dîner... c'est qu'il a un fameux appétit Théo 4 !... Enfin nous nous en tirerons toujours.

(Théophile Derville entre.)

SCÈNE IV.

CYPRIEN, THÉOPHILE DERVILLE.

THÉOPHILE.

Tiens, mon vieux Cyprien, qu'est-ce que tu dis de ça?

(Il lui montre un filet rempli de poissons.)

CYPRIEN.

Ah, pour une belle friture, c'est une belle friture!... Et elle vient à propos car M. Théophile Berton arrive aujourd'hui.

THÉOPHILE.

Théophile Berton! ah, ce cher frère, que je suis content de le voir!

CYPRIEN.

Comment, c'est votre frère?

THÉOPHILE.

Nous ne sommes pas frères de naissance, mais la destinée nous a rapprochés.

CYPRIEN.

Je ne comprends pas.

THÉOPHILE.

Voyons, Cyprien, qu'est-ce que c'est qu'un parrain? C'est un second père. Eh bien, puisque nous avons le même second père, nous sommes frères de parrain.

CYPRIEN.

C'est pourtant vrai... mais, à ce compte-là, vous avez onze frères.

THÉOPHILE.

Oui, mon ami, comme Joseph, dans l'histoire sainte. Aussi pour les distinguer, je leur ai donné les noms des douze fils de Jacob. Celui qui arrive aujourd'hui c'est Nephtali.... Mais alors, il faut que je retourne à la pêche... c'est une pièce de résistance qu'il faut pour ce cher Théo, car il a un appétit féroce.

CYPRIEN.

Il me semble que nous avons déjà de quoi le rassasier : une matelote, une friture et une anguille à la tartare.

THÉOPHILE.

Tout cela c'est bon pour lui ouvrir l'appétit... il lui faut un poisson sérieux, un brochet ou une truite. Seulement j'aurais besoin d'un peu d'aide pour tendre mes grosses lignes... Où est Benjamin?

CYPRIEN.

Benjamin? Qu'est-ce que c'est que Benjamin?

THÉOPHILE.

C'est mon petit frère, Théophile 13, comme tu l'appelles.

CYPRIEN.

Ah! Monsieur, ne l'emmenez pas à la pêche.... s'il lui arrivait malheur!

THÉOPHILE.

Allons donc! sous la protection du digne Joseph, il n'a rien à craindre.

CYPRIEN.

Vous savez bien, Monsieur Théo, qu'il n'est pas veinard ce petit-là!... et un vendredi!

THÉOPHILE.

Raison de plus pour faire provision de poisson.

CYPRIEN.

Et puis cette nuit j'ai fait un mauvais rêve et je ne vois que des malheurs partout.

THÉOPHILE.

Un rêve! C'est mon affaire. Moi Joseph, fils de Jacob, je déchiffre les songes aussi facilement que tu lis la cuisinière bourgeoise. Qu'est-ce que tu as rêvé?

CYPRIEN.

J'ai rêvé d'un gros boule-dogue qui bouleversait toute la maison, qui tuait tous les faisans du parc et étranglait toutes les volailles. Il y avait aussi un caniche noir qui furetait partout; je ne pouvais faire un pas sans l'avoir sur les talons. Puis tout-à-coup un grand héron s'est abattu sur l'étang et a dévoré toutes les carpettes. Une petite colombe blanche voletait au-dessus de l'étang et paraissait avoir grand peur du héron..... Comme je m'élançais pour chasser ce vilain oiseau noir, un aigle énorme a fondu sur la colombe et l'a emportée dans ses serres. A ce moment-là, j'ai eu si peur que je me suis réveillé en sursaut... Eh bien, puisque vous expliquez si bien les songes, pouvez vous expliquer celui-là?

THÉOPHILE.

C'est bien simple.

CYPRIEN.

Ah! vous trouvez cela simple?

THÉOPHILE.

Parbleu! Le gros boule-dogue c'est mon parrain, un chasseur enragé, qui est la terreur des faisans et qui fait faire une hécatombe de volailles pour nourrir ses nombreux filleuls. Le caniche c'est toi.

CYPRIEN.

Comment, c'est moi!

THÉOPHILE.

Certainement. Tu en as la fidélité et tu passes ton temps à fureter dans tous les coins de la maison; et la preuve que toi et lui vous ne faites qu'un, c'est que tu m'as dit toi-même que dans ton rêve, tu ne pouvais faire un pas sans l'avoir sur les talons.

CYPRIEN.

C'est pourtant vrai... Mais comment expliquez-vous le reste?

THÉOPHILE.

C'est encore plus facile : le héron, c'est moi qui dévaste l'étang puisque je pêche du matin au soir. L'aigle, c'est mon frère Nephtali qui arrive aujourd'hui. Il me semble que sans être sorcier, tout cela est clair, limpide.

CYPRIEN.

Eh bien, et la colombe?

THÉOPHILE.

Ah! la colombe, je ne la vois pas bien.... elle est un peu voilée par le brouillard; c'est obscur, nébuleux... Cependant ce doit être le présage de l'arrivée d'une jeune fille dans la maison.

CYPRIEN.

Oh! il n'est jamais venu de jeunes filles ici.

THÉOPHILE.

Il y a un commencement à tout. Enfin, en attendant l'explication de ce mystère, je vais comme le héron essayer de prendre quelque grosse pièce et j'espère bien rapporter autre chose qu'un limaçon. (Regardant à la fenêtre.) Tiens, voilà Benjamin qui court dans le parc, je vais l'emmener.

(Il sort précipitamment.)

CYPRIEN, courant après lui,

Monsieur Théo! Monsieur Théo!
(Au moment où il sort, M. Bonamy entre; il tient une lettre et semble préoccupé.)

SCÈNE V.

BONAMY, *puis* CYPRIEN.

BONAMY.

Quel contretemps!.. Je ne puis pourtant pas le refuser... Mais c'est bien embarrassant... une jeune fille de dix-huit ans chez un vieux garçon et au milieu de tous ces jeunes gens!... Que je suis donc contrarié! (Il ouvre la porte.) Cyprien.

CYPRIEN, accourant.

Monsieur!

BONAMY.

Tu ajouteras encore un couvert; ma filleule arrive aujourd'hui.

CYPRIEN, stupéfait.

Votre filleule, Monsieur!

BONAMY.

Eh bien oui, ma filleule.

CYPRIEN.

Monsieur a donc une filleule!

BONAMY.

Probablement, puisqu'elle vient aujourd'hui.

CYPRIEN.

Monsieur ne m'en avait jamais parlé.

BONAMY.

Elle n'habite pas la France. C'est une orpheline, qui vit en Angleterre avec un frère aîné.

CYPRIEN (à part.)

M. Théo la voyait dans le brouillard, c'est bien ça!

BONAMY.

Son frère m'écrit qu'étant obligé de venir passer un mois à Paris pour ses affaires, il ne peut la laisser seule à Londres et il me prie de lui donner l'hospitalité pendant les vacances.

CYPRIEN.

C'est étrange!

BONAMY.

Qu'est-ce que cela a d'étrange?

CYPRIEN.

Oh rien, Monsieur.

BONAMY.

Ils ont débarqué hier à Calais et à 3 heures elle sera ici.

CYPRIEN.

Et... est-ce indiscret de demander à Monsieur le nom de sa filleule?

BONAMY.

Colombe Derwin.

CYPRIEN, sautant en l'air.

Colombe! Ah mon Dieu! (A part.) C'est elle!

BONAMY.

Eh bien, qu'est-ce qui te prend?

CYPRIEN.

Oh rien, Monsieur.

BONAMY.

Tu prépareras pour elle la petite chambre bleue qui est en haut de la tourelle.

CYPRIEN.

Mais, Monsieur, les fenêtres ne sont pas grillées, elle s'envolera.

BONAMY.

Comment elle s'envolera! Es-tu fou! Je te parle de ma filleule.

CYPRIEN.

Oh pardon, Monsieur, c'est M. Théophile qui m'a troublé la cervelle avec ses histoires.

BONAMY.

Enfin, tâche de reprendre tes sens : je tiens à ce que ma filleule ne manque de rien; elle est habituée à un intérieur très confortable, je désire qu'elle ne s'aperçoive pas de l'absence d'une femme dans la maison.

CYPRIEN.

Soyez tranquille, Monsieur, j'en aurai bien soin; tous les matins, je lui porterai à manger dans sa cage, je la câlinerai, je la dorloterai et surtout je ne la laisserai pas approcher de l'étang.

BONAMY.

Mais ce n'est pas une enfant, elle a dix-huit ans.

CYPRIEN.

Ah! elle a dix-huit ans! C'est un grand âge!

BONAMY.

Comment c'est un grand âge!

CYPRIEN.

Dame, pour un oiseau.

BONAMY, le regardant avec inquiétude.

Tu es malade, mon pauvre Cyprien?

CYPRIEN, passant la main sur son front.

Non, Monsieur, ça va revenir... laissez-moi prendre l'air... J'ai besoin de parler à M. Théophile. (Il sort.)

SCÈNE VI.

BONAMY, seul.

Ce garçon devient fou!... Il ne me manquait plus que cela!... Quelle responsabilité pour moi d'avoir cette jeune fille pendant un mois!... Et Théophile qui arrive aujourd'hui... Je ne me doutais guère qu'il avait des manières aussi libres avec les femmes!... Je serai tenu à une surveillance continuelle... J'avais déjà assez de surveiller ce petit diable de Théo 13, comme l'appelle Cyprien... Je suis sûr qu'il est encore perché dans quelque peuplier pour dénicher des pies. (Il regarde à la fenêtre.) Allons bon! le voilà sur l'étang, tout seul dans un bateau, et un fusil à la main! Il me fera mourir d'inquiétude; je n'ai que le temps d'aller lui donner une semonce et ensuite de courir à la gare chercher Théophile... Et Théophile le pêcheur, où est-il? Ah, il doit être aussi sur l'étang. En voilà encore un qui me donne du tintouin! Un garçon qui ne sait pas nager et qui passe sa vie sur l'eau... Mon Dieu, mon Dieu, tous ces garnements-là me feront tourner la tête... Moi qui suis venu habiter cette propriété pour vivre tranquille, loin des villes, loin du bruit, du mouvement. Moi qui ai toujours rêvé une vie calme, exempte d'émotions... Ah, si l'on savait à quoi l'on s'engage en acceptant d'être parrain!... Moi qui n'ai jamais voulu me marier pour n'avoir pas le souci d'une famille!... Vivre seul! C'était mon rêve... Elle est jolie ma solitude!... (Il s'assied d'un air découragé, puis se levant brusquement et s'adressant au public.) Ah! si j'ai un conseil à vous donner, c'est de ne jamais avoir de filleuls! (Il sort.)

ACTE II.

Le théâtre représente un salon de campagne.

SCÈNE I.

THÉOPHILE DERVILLE, seul.
(Il met des fleurs dans un vase).

Qui m'eût dit, il y a huit jours, que je négligerais la pêche pour faire des bouquets comme un jardinier! Que je passerais une matinée sur l'étang sans lignes, sans filets, uniquement occupé à cueillir des roseaux et à déraciner des nénuphars!... (Il se tâte). C'est pourtant bien moi, Théophile Derville, dit Théophile 7, dit Joseph. (Il se regarde dans la glace.) Oui je me reconnais... je n'ai pas embelli : le nez trop long, la bouche trop grande, le front trop bas... il n'y a que les yeux qui me sauvent ! Enfin je n'ai pas un physique à faire des conquêtes... (Se redressant.) Pourtant, si j'engraissais un peu, mon nez paraîtrait moins long, ma bouche moins large; et en coupant un peu mes cheveux, ça pourrait peut-être s'arranger. Je ne serais pas joli, joli; mais je passerais encore pour un beau gars (il se redresse) bien campé... C'est égal, je ne serai jamais beau comme Nephtali! En voilà un joli garçon !... Va-t-il enfin arriver aujourd'hui?... (Il regarde la pendule.) C'est justement l'heure du train... (Il écoute.) Tiens, il me semble que j'entends une voiture... oui, elle s'arrête... Ah c'est sa voix. (Théophile Berton entre.)

SCÈNE II.

THÉOPHILE DERVILLE, THÉOPHILE BERTON.

T. DERVILLE.

Enfin le voilà, ce cher Nephtali ! Sais-tu que nous t'attendons depuis huit jours ! Tu annonces ton arrivée pour dimanche dernier : tous les matins, on envoie la voiture à la gare pour te cueillir à la descente du train, et elle revient sans toi.

T. BERTON.

Il m'a été impossible de venir plus tôt.

T. DERVILLE.

Voilà huit jours que je me lève avant le soleil afin de prendre une grosse pièce pour fêter ta venue et voilà huit carpes que nous mangeons à ton intention ; elles étaient excellentes, mais nous commençons à en être dégoûtés.

T. BERTON, regardant autour de lui.

Il me semble que le salon est changé ; cette grande pièce qui avait un aspect lugubre a pris un air de fête : des fleurs partout, un piano ouvert, des albums sur les tables, des livres épars, je ne me reconnais plus ici.

T. DERVILLE.

Oui, mon ami, tu vois une maison métamorphosée. Autant nous nous sommes ennuyés l'année dernière, autant nous allons nous amuser cette année. Jusqu'à présent, nous venions passer les vacances chez parrain avec autant d'enthousiasme qu'on rentre au collège ou qu'on part pour ses 28 jours, et maintenant tu débarques dans un pays de cocagne : on chante, on rit, on improvise des charades, on bouleverse toute la maison pour se déguiser; on met au pillage la garde-robe de M. Bonamy; on boit du champagne, on dit des folies et l'on est tout prêt à en faire.

T. BERTON.

Et qui a opéré ce miracle?

T. DERVILLE.

Tu le demandes? Qui est-ce qui embellit la vie? Qui réjouit nos yeux? Qui charme nos oreilles? Comment, tu ne devines pas la présence d'une femme ici? Oui mon ami, une ravissante jeune fille, une charmante Colombe qui a traversé la Manche pour venir s'abattre sur ce vieux donjon et qui, je t'assure, n'engendre pas le spleen britannique. C'est un sourire perpétuel, une merveille, une fée!

T. BERTON.
Ah, mon Dieu, quel enthousiasme!
T. DERVILLE.
Elle est adorable et je te défends d'en devenir amoureux parce que nous pourrions bien nous brouiller. Si j'avais à me plaindre de toi, pour venger mon homonyme livré traîtreusement par ses frères, je te vendrais aux premiers bohémiens qui passeraient dans le pays.
T. BERTON.
Bigre! Sois tranquille, je n'irai pas sur tes brisées. Mais enfin, quelle est cette jeune fille?
T. DERVILLE.
Mademoiselle Colombe Derwin, l'unique filleule de mon parrain. Elle a la grâce d'une française avec la fraîcheur d'une fille d'Albion; elle n'a pas la pruderie de nos compatriotes, mais elle en a tout le charme. Au reste, tu vas en juger car la voilà qui rentre de sa promenade matinale.
T. BERTON.
Mais... je suis en tenue de voyage.
T. DERVILLE.
Rappelle-toi, mon ami, que tu dois renoncer à faire sa conquête. (Colombe entre.)

SCÈNE III.

Les précédents, COLOMBE.

COLOMBE, entrant précipitamment.

Bonjour, Monsieur Théo; et mes roseaux? Et mes nénuphars?

T. DERVILLE (déposant une botte devant elle).

Ils sont à vos pieds.

COLOMBE.

Bravo! Décidément les Français sont plus galants que les Anglais. (Apercevant T. Berton.) Pardon, Monsieur, vous n'êtes pas Anglais?

T. DERVILLE.

Lui Anglais! C'est Nephtali.

COLOMBE.

Eh bien vraiment, je suis enchanté de vous voir, car je commençais à croire que vous étiez un être imaginaire comme les héros de nos vieilles ballades écossaises. (Riant.) Vous êtes bien sûr d'être vivant.

T. BERTON.

Voulez-vous me donner la main, à l'anglaise, vous verrez que je ne suis pas un mythe.

COLOMBE, lui tendant la main.

Il faut pour cela une certaine bravoure; je vais

peut-être sceller un pacte avec l'enchanteur Merlin.

T. BERTON.

Mon pouvoir n'égalera jamais le vôtre, car on peut, sans que l'imagination s'en mêle, voir en vous une enchanteresse.

COLOMBE.

Flatteur? vous êtes décidément de la famille. Vous êtes bien le frère de Théo. Mais je vous déclare que j'ai horreur des compliments. Quand on est destiné, comme nous le sommes, à vivre pendant un mois sous le même toit, il faut faire d'avance ses conditions : vous ne pourriez trouver chaque jour de nouvelles fadaises à me débiter; il vaut donc mieux y renoncer tout de suite. Maintenant sans rancune?... Je vais prévenir mon parrain de votre arrivée. (Au moment où elle sort, Bonamy entre.) Ah le voilà! Bonjour, petit père, (elle lui tend sa joue,) embrassez fifille et je me sauve. (Elle sort.)

SCÈNE IV.

BONAMY, T. BERTON, T. DERVILLE.

BONAMY.

Ah, voilà Théophile. Tu t'es fait désirer, mon ami.

T. BERTON.

J'ai été retenu à Paris par des affaires urgentes.

BONAMY.

Alors tu es pardonné.

T. DERVILLE.

Comme vous êtes drôlement habillé ce matin, mon parrain!

BONAMY.

Parbleu! quand on n'a plus rien à se mettre sur le dos! Ce matin, je cherche mon vêtement de coutil, Cyprien me dit que tu l'as pris hier, le trouvant plus léger que le tien. Je demande mon veston de chasse, il est en route sur le dos de Benjamin; vous m'avez enlevé ce matin mon complet bleu pour votre répétition; alors j'ai endossé les seuls vêtements que vous m'aviez laissés.

T. BERTON.

Mon pauvre parrain, comme vous êtes bon!

BONAMY.

Je suis bon bien malgré moi; vous me dépouillez sans m'en demander la permission.

T. DERVILLE.

Alors il vaut mieux vous exécuter de bonne grâce.

BONAMY.

C'est ce que je fais. Où est donc Benjamin?

T. DERVILLE.

Vous voyez bien que c'est votre préféré, vous l'appelez Benjamin.

BONAMY.

Je l'appelle Benjamin parce que tu le désignes toujours ainsi. Et puis aussi pour le distinguer de tous ces Théophiles. C'est à ne pas s'y reconnaître.

(Benjamin entre, un carnier sur le dos.)

SCÈNE V.

Les précédents, THÉOPHILE BÉRAUD.

T. BÉRAUD.

Victoire! Victoire! Mon parrain, vous me devez 35 francs.

BONAMY.

Comment 35 francs?

T. BÉRAUD.

Oui, mon parrain. Vous m'avez dit : « si tu m'apportes un canard sauvage, je te le paierai cinq francs. » Eh bien, j'en ai démoli sept!

BONAMY.

Sept! C'est étrange.

T. BÉRAUD.

Hein, vous ne me croyiez pas si adroit!... Et je ne vous ai pas brûlé beaucoup de cartouches :

52 cartouches, 7 pièces ! Tenez. (Il tire de son carnier un canard, puis un autre.) Sont-ils assez beaux, assez dodus ?

BONAMY.

Ah, petit malheureux ! mais tu as tué mes canards !

T. BÉRAUD.

Bien sûr, puisque vous me l'avez dit.

BONAMY.

Je t'ai dit de tuer des canards sauvages, mais pas ceux-là.

T. BÉRAUD.

Ils sont sauvages puisqu'ils se sauvaient quand j'approchais.

BONAMY.

Ce sont des canards domestiques élevés à la ferme.

T. BÉRAUD.

Eh bien, on les a élevés pour les manger, nous les mangerons.

BONAMY

Mais nous n'en mangerons pas sept à la fois.

T. BÉRAUD.

Enfin vous me devez toujours 35 francs, mon parrain.

BONAMY.

Je ne te dois rien du tout ; c'est toi qui devrais me les payer, mes canards.

T. BÉRAUD.

Ah par exemple, ce serait trop fort : je gagne mon pari, vous ne voulez pas me le payer et encore il faudrait que je vous donne mes économies. Vous voulez donc rattraper les étrennes que vous m'avez données. Ah non, ça ne serait pas de jeu.

BONAMY.

Est-ce que je te dois aussi une indemnité pour m'avoir mis mon veston en lambeaux?

T. BÉRAUD (regardant le bas de la veste qui est en loques).

Il est un peu déchiré, et c'est bien heureux.

BONAMY.

Comment, c'est bien heureux?

T. BÉRAUD.

Oui, parce que j'ai manqué tomber à l'eau et c'est votre veston qui m'a sauvé en s'accrochant aux ronces. Sans lui, mon parrain, vous auriez un filleul de moins.

BONAMY, à part.

Il m'en resterait encore douze.

T. BÉRAUD.

Qu'est-ce que vous dites, mon parrain?

BONAMY.

Je dis... que je lui dois une fière chandelle.

T. BÉRAUD.

Avec une reprise perdue, on n'y verra rien et il vous rappellera le danger auquel j'ai échappé.

BONAMY.

Et le massacre de mes canards!

CYPRIEN, entre.

Monsieur, ce sont les pompiers qui viennent réclamer leur pourboire.

BONAMY.

A quel propos un pourboire!

CYPRIEN.

Pour avoir éteint le feu qui menaçait Théophile.

BONAMY.

Théophile?

CYPRIEN.

Oui, Théophile, le bateau de laveuses. Monsieur sait bien qu'il est parrain du bateau de laveuses amarré au grand pont. Il a manqué brûler la semaine dernière et les pompiers n'ont pas été indemnisés de leur peine. Ils disent que ça regarde le parrain.

BONAMY.

Qu'ils aillent au diable! Dis-leur de ma part. (Cyprien sort.) Ils m'ennuient avec leurs réclamations. Ils ont toujours soif, ces pompiers!

T. BERTON.

Eh bien, mon parrain, je ne suis pas pompier, mais je vous assure que je boirais bien quelque chose; ce voyage m'a altéré!

BONAMY, sonne.

C'est une épidémie qui règne sur mes filleuls ! La semaine dernière, c'était la cloche qui avait soif (car je suis aussi parrain de la cloche); sous prétexte qu'elle avait beaucoup sonné pour la fête du 15 août, elle était très altérée, et le sonneur encore plus qu'elle. (Cyprien entre.) Vous apporterez des verres, une carafe, une bouteille de sirop et de la bière pour abreuver ces messieurs. Sont-ils partis ces pompiers ?

CYPRIEN.

Non, Monsieur; je leur ai fait la commission, mais ils disent que ce n'est pas le diable qui les indemnisera.

BONAMY.

Tiens, donne-leur 20 francs et qu'ils se désaltèrent! Ou plutôt, non, je vais leur porter moi-même. (A T. Béraud.) Viens avec moi, petit.

T. BÉRAUD.

Je veux bien, mais vous me donnerez mes 35 francs.

(Ils sortent à la suite de Cyprien.)

SCÈNE VI.

T. DERVILLE, T. BERTON.

T. DERVILLE.

Eh bien, comment trouves-tu Colombe?

T. BERTON.

Idéale, céleste !

T. DERVILLE.

Mais tu n'as fait que l'entrevoir.

T. BERTON.

Ce moment m'a suffi : comme ces étoiles mystérieuses qui semblent semer la lumière sur leur passage, son apparition m'a laissé l'éblouissement causé par un météore.

T. DERVILLE.

Voyons, ne blague pas.

T. BERTON.

Je t'assure que je parle sérieusement.

T. DERVILLE, d'un ton tragique.

Alors il faut que l'un de nous deux quitte la maison.

T. BERTON.

Tu es fou ! Comment, parce qu'une jolie femme se trouve entre nous, notre amitié de vingt ans en serait altérée ! Ton affection pour moi tient-elle donc à un fil si léger ?

T. DERVILLE.

Rassure-toi, je plaisante : on trouve facilement des femmes aussi jolies que Colombe et les amis comme toi sont rares. En admettant même que ce caprice devînt sérieux, je sacrifierais l'amour à l'amitié.

T. BERTON.

A la bonne heure, je te reconnais. Au surplus, nous n'en sommes là, j'espère, ni l'un ni l'autre.

T. DERVILLE.

Pour te prouver que je ne te considère pas comme un rival, je vais te mettre au courant de nos projets. C'est dans huit jours la naissance de M. Bonamy ; nous avions l'intention de lui ménager pour ce jour-là une petite surprise : en apprenant ta venue, nous avons eu l'idée de monter une comédie dans laquelle nous te réservons un rôle. Voici le sujet de notre pièce : Colombe est une belle princesse, recherchée en mariage par un roi vieux, laid, difforme et méchant. Naturellement elle a peu d'enthousiasme pour ce prétendant disgracié de la nature et elle répond à ses avances par le mépris. Elle est aimée en secret par un jeune prince dont le pouvoir et les richesses sont loin d'égaler ceux de son rival, mais qui a pour lui la jeunesse et tous les charmes qui peuvent séduire une femme. Cette rivalité amène une foule de péripéties qu'il serait trop long de te raconter. Enfin, au dernier acte, tableau! L'amour triomphe et le prince Charmant enlève la princesse dans un char traîné par un lion apprivoisé.

T. BERTON.

Et où prenez-vous un lion apprivoisé?

T. DERVILLE.

La peau de lion qui s'étale dans le cabinet de mon parrain dissimulera le petit poney que monte Benjamin. Nous enguirlandons de fleurs le panier qui a été te prendre à la gare et les fiancés sont emportés dans ce char improvisé. Je fais le rôle du roi laid et grincheux et le prince Charmant, c'est toi. Tu vois que je te ménage des tête à tête pleins de charme et que le rival s'efface devant l'ami.

T. BERTON.

On n'est pas plus généreux!

T. DERVILLE, sortant de sa poche un cahier.

Voici ton rôle. Apprends-le pendant que je vais répéter ma scène avec Colombe. Nous avons répétition à 2 heures. (S'approchant de la fenêtre). Voilà justement ma princesse qui arrive son manuscrit à la main.

(Colombe entre.)

SCÈNE VII.

Les précédents, COLOMBE.

COLOMBE.

Eh bien, Messieurs Théo, avez-vous réglé toutes choses pour notre grande représentation?

T. DERVILLE.

Tout est arrangé. Nephtali accepte son rôle avec enthousiasme; et comme il a une mémoire prodigieuse, dans une heure il sera à vos pieds vous avouant son amour.

T. BERTON.

Je n'aurais pas besoin d'apprendre un rôle pour cela; il suffirait de laisser parler mon cœur.

COLOMBE.

Et nos conventions? Vraiment vous me feriez regretter les Anglais et ce ne serait pas flatteur pour vous.

T. BERTON.

Rassurez-vous : je suis trop bon patriote pour vous laisser emporter une mauvaise opinion des Français.

T. DERVILLE.

Voyons, assez bavarder, répétons. (A. T. Berton.) Et toi, mon ami, vas te promener dans le parc tout en apprenant ton rôle.

(T. Berton sort.)

SCÈNE VIII.

COLOMBE, T. DERVILLE

COLOMBE.

Nous faisons notre entrée ensemble; je marche

vite et vous me suivez. Allons, en scène, et tâchons d'être sérieux. (Fausse sortie, Colombe entre, suivie par T. Derville; elle se retourne brusquement.)

(Cette scène doit être jouée avec exagération.)

J'espérais dans cette retraite être enfin à l'abri de vos importunités.

T. DERVILLE.

L'amour ne connaît pas d'obstacles, princesse : je franchirais les mers, j'escaladerais une forteresse, je traverserais les flammes pour me rapprocher de vous.

COLOMBE.

L'amour vrai ne se comporte pas ainsi. Si vous m'aimez, cessez cette poursuite qui m'est odieuse. Je vous le répète, jamais je ne consentirai à vous donner ma main. Jamais, jamais !

T. DERVILLE.

C'est votre dernier mot ?

COLOMBE.

C'est mon dernier mot !

T. DERVILLE.

Ah vous me repoussez ! Ah vous ne répondez à mon amour que par le mépris ! Eh bien, je vous le déclare, c'est ma mort que vous venez de prononcer. Dans une heure, je n'existerai plus ; et quand on vous apportera mon corps inanimé, vous aurez peut-être une larme pour l'infortuné dont vous aurez voulu la perte.

COLOMBE.

Arrêtez! arrêtez!

T. DERVILLE.

Laissez-moi, je ne demande plus qu'à mourir. Adieu! adieu pour toujours! (Il sort.)

COLOMBE.

Théo! Théo! (Elle le suit.)

(Cyprien se précipite sur la scène.)

SCÈNE IX.

CYPRIEN, seul.

Ah mon Dieu!... j'ai tout entendu!... Depuis quelques jours je les guettais et je soupçonnais la vérité... j'avais surpris bien des regards, des paroles qui me donnaient à penser... mais maintenant il n'y a plus de doute possible... Que faire, mon Dieu!... Je ne puis pourtant pas laisser périr ce jeune homme... il faut prévenir M. Bonamy... Pauvre homme, quel coup pour lui!... Et ce rêve qui me poursuit! Cette colombe enlevée par un aigle! Tous les malheurs planent sur nous! Mais il n'y a pas de temps à perdre... il faut à tout prix surveiller M. Théo! h j'entends la voix de Mlle Colombe.

THÉATRE. 3

SCÈNE X.

CYPRIEN, COLOMBE.

CYPRIEN allant droit à elle.
(D'un ton tragique.) Où est M. Derville?

COLOMBE, avec beaucoup de calme.
Je crois qu'il est à la pêche.

CYPRIEN, à part.
Quelle hyprocrisie! Oh les femmes! (A Colombe.
En êtes-vous sûre?

COLOMBE.
Très sûre : il est parti en courant du côté d[u]
[ét]ang.

CYPRIEN, à part.
Il va se noyer. (A Colombe.) Et vous ne l'avez pa[s]
suivi?

COLOMBE.
Assurément non. Quand il pêche, il préfèr[e]
être seul.

CYPRIEN, à part.
Elle veut sa mort!

COLOMBE.
Avez-vous cueilli les bruyères que je vous a[i]
demandées ce matin?

CYPRIEN, à part.
Il s'agit bien de bruyères. (A Colombe, en appuyan[t]

sur chaque mot.) Non, Mademoiselle, je ne les ai pas cueillies.

COLOMBE.

Vous savez que c'est dans quelques jours la naissance de mon parrain et j'ai besoin de beaucoup de fleurs pour faire les guirlandes dont je veux orner la salle à manger.

CYPRIEN.

Oui, oui, elle sera gaie la fête! (A part.) Cette petite m'exaspère, avec son calme!

COLOMBE.

Je vais faire un peu de musique; si mon parrain me demande, vous m'appellerez.

(Elle sort en chantant.)

SCÈNE XI.

CYPRIEN, seul, puis BONAMY.

CYPRIEN.

C'est à vous faire dresser les cheveux sur la tête! Oh les femmes!... Mon Dieu, voilà monsieur. Pauvre homme, il ne se doute de rien!...

BONAMY.

Cyprien, tu iras à la gare chercher un paquet qu'on a dû envoyer pour moi.

CYPRIEN.

A quelle heure, Monsieur?

BONAMY.
Mais tout de suite.
CYPRIEN.
C'est que... M. Théophile m'attend au bord de l'étang pour l'aider à tendre ses lignes.
BONAMY.
Il attendra, j'ai besoin de ce paquet.
CYPRIEN.
Oh! Monsieur, c'est toujours moins pressé que d'aller à l'étang.
BONAMY.
Je te prie de ne pas discuter mes ordres. Fais ce que je te dis. (Il sort.)

SCÈNE XII.

CYPRIEN, *seul, puis* T. DERVILLE.

CYPRIEN.
Le paquet attendra, et monsieur aussi!... courons vite! Mon Dieu, pourvu que je n'arrive pas trop tard! (Au moment où il sort, il se heurte à T. Derville.)
CYPRIEN.
Ah! Monsieur Théo!
T. DERVILLE.
Quel malheur! Elle est perdue!

CYPRIEN.

Ah, quel bonheur!

T. DERVILLE.

Comment quel bonheur? Je te dis qu'elle est perdue!

CYPRIEN, s'approchant de lui.

Voyons, Monsieur Théo, il faut vous faire une raison.

T. DERVILLE.

Jamais je n'en ai vu une aussi belle!

CYPRIEN.

Vous en retrouverez une autre plus belle encore.

T. DERVILLE.

Tu en parles bien à ton aise! Puisque je te dis qu'il n'y en a pas deux comme celle-là, c'est la faute de Nephtali! Sans lui, je l'aurais eue; mais il me le paiera!

CYPRIEN.

Oh! Monsieur Théo, ne le tuez pas; songez que c'est votre frère, ou à peu près. Ce serait presque un fratricide.

T. DERVILLE.

Le tuer! Mais tu es fou, mon pauvre Cyprien. Qui te parle de le tuer! Ce cher Nephtali! Mais j'aimerais mieux me tuer moi-même!

CYPRIEN.

Ne dites pas des choses pareilles, Monsieur Théo!

T. DERVILLE.

Ah, malédiction ! Au moment où je croyais la tenir, elle a filé entre les roseaux et le courant l'a entraînée du côté du déversoir.

CYPRIEN.

Comment, elle est noyée !

T. DERVILLE.

Noyée ! Comment veux-tu qu'une carpe se noie ?

CYPRIEN.

Ah ! c'est une carpe ?

T. DERVILLE.

Oui, une carpe (il étend les bras), longue comme ça !

CYPRIEN.

Alors vous pêchiez ? Comme ça, tout tranquillement.

T. DERVILLE.

Puisque je pêche tous les jours, cela ne doit pas t'étonner.

CYPRIEN.

Non, non, ça ne m'étonne pas. (A part.) C'est-à-dire que je trouve ça renversant ! (A T. Derville.) Pêchez, amusez-vous, vous avez bien raison de vous distraire, de chasser les idées noires. Ne vous laissez pas aller au découragement, au désespoir. Au revoir, Monsieur Théo, mon cher Monsieur Théo ! Que je suis donc content de vous voir! Je cours à la gare chercher le paquet; je vous retrouverai? Il y a ce soir un fameux dîner, allez! Et j'ajouterai encore une crème au chocolat, celle que vous aimez tant. Et c'est pour vous que je la ferai, rien que pour vous, mon cher Monsieur Théo. Ah que je suis content!

(Il sort.)

T. DERVILLE.

Qu'est-ce qui lui prend?... Il est fou ce garçon!

(Bonamy entre.)

SCÈNE XIII.

BONAMY, T. DERVILLE.

T. DERVILLE.

Ah, mon parrain, je viens de manquer la plus belle des carpes que j'aie vues de ma vie.

BONAMY.

Comment as-tu fait ton compte?

T. DERVILLE.

C'est la faute de Nephtali : il était venu se planter derrière moi et il m'étourdissait avec son éternel refrain.

BONAMY.

Quel refrain?

T. DERVILLE.

Colombe est belle, Colombe est adorable, Colombe est une sirène, une divinité!

BONAMY.

Il ne faut pas longtemps pour le séduire.

T. DERVILLE.

Ah, mon parrain, vous savez bien que c'est un volcan et je ne serais pas étonné qu'il pensât déjà à vous demander sa main.

BONAMY.

Il la voit pour la première fois.

T. DERVILLE.

C'est ce qu'on appelle le coup de foudre! Ah, le voilà.

(T. Berton entre.)

SCÈNE XIX.

Les précédents, T. BERTON.

T. BERTON.

Ah, quelle délicieuse promenade je viens de faire!

BONAMY.

Alors tu te plais ici, mon cher Théophile?

T. BERTON.

Si je m'y plais! Mais je me trouve dans le paradis.

T. DERVILLE.

Ne t'en fais pas chasser au moins.

T. BERTON.

J'ai si peu envie de m'en faire chasser que je pense sérieusement à m'y fixer définitivement.

BONAMY.

Ah bah!

T. BERTON.

Oui, la campagne me plaît infiniment et mon rêve serait de l'habiter près de vous.

BONAMY.

C'est très aimable à toi, mais mon voisinage n'a rien de bien tentant; une fois les vacances terminées, la bande joyeuse partie, tu aurais vite assez du tête-à-tête avec un vieux garçon comme moi.

T. BERTON.

Oh! mon parrain, ce n'est pas ainsi que je l'entends. Le célibat me pèse et je brûle du désir de me marier.

T. DERVILLE, à part.

Nous y voilà.

T. BERTON.

J'ai donc pensé que vous qui êtes isolé, privé de famille, vous seriez enchanté d'avoir près de vous un jeune ménage qui mettrait du mouvement dans la maison et qui charmerait votre solitude.

BONAMY, un peu moqueur.

Et quelle est la femme que tu associes dans ta pensée à cette bonne vie de famille.

T. BERTON.

Comment, vous ne l'avez pas devinée? Mais c'est Colombe, votre fille adoptive.

BONAMY.

J'espère, mon ami, que tu ne lui feras aucune proposition de ce genre avant que je n'aie causé sérieusement avec elle.

T. BERTON.

Ah, c'est déjà fait, mon parrain! Je ne puis pas dire que tout soit convenu entre nous, mais je suis persuadé que les choses s'arrangeront selon mon désir.

T. DERVILLE.

C'est aller un peu vite en besogne.

T. BERTON.

Ah, quelle bonne vie nous allons mener tous les trois! Vous continuerez à diriger la maison; nous serons en pension chez vous, ne nous occupant de rien afin de ne pas empiéter sur vos droits et votre autorité. Exempts de toutes préoccupations, de tout souci, notre vie s'écoulera paisiblement entre un père chéri et des enfants adorables, car nous aurons une petite famille qui fera votre joie; et pour vous témoigner notre reconnaissance, nous vous demanderons d'être parrain de tous nos enfants.

BONAMY.

Oui, oui, ce sera charmant! Mais il me semble que j'ai suffisamment payé ma dette au parrainage.

T. BERTON.

Ah, mon parrain, vous ne pouvez pas nous refuser cela. Songez que je suis l'aîné de vos filleuls.

BONAMY.

Je le sais parbleu bien : voilà 25 ans que je te donne des étrennes; il me semble que j'ai rempli mes devoirs consciencieusement!

T. BERTON.

C'est pour cela qu'il est bien juste que maintenant vous en soyez récompensé : nous vous gâterons, nous vous câlinerons. Vos dernières années seront égayées par la vue de vos petits-enfants et vous vous éteindrez paisiblement entre nos bras.

BONAMY.

Merci bien de la perspective! Mais Dieu merc je n'en suis pas encore là!

T. BERTON.

Je le sais bien, mon parrain, mais la vieillesse vient vite; à votre âge, les infirmités nous guettent; et d'un jour à l'autre, vous pouvez être impotent et avoir besoin de soins affectueux. Enfin, pensez sérieusement à ce projet; j'espère qu'il pourra se réaliser à la satisfaction de tous. Viens-tu, Théo, nous allons agacer le goujon et la perche.

(Ils sortent.)

SCÈNE XV.

BONAMY seul, puis CYPRIEN.

BONAMY.

Le goujon et la perche ne seront jamais autant agacés que moi!... J'en arriverai à envier leur sort!... Au reste, ils ne sont pas plus tranquilles que moi : depuis l'arrivée de Théophile, ils n'ont de repos ni jour ni nuit, les malheureux!... Il est toqué, ce garçon, avec ses projets!... J'ai été trop bon pour tous ces enfants-là, ils en abusent... et pourtant, si je le refuse, ça va lui faire de la peine... Que faire, mon Dieu?... Si je m'en allais! (Cyprien entre.) Ah te voilà, Cyprien, tu vas faire ma malle, je pars ce soir.

CYPRIEN.

Comment, Monsieur, vous partez! Où allez-vous donc?

BONAMY.

Je ne sais pas, mais je m'en vais.

CYPRIEN.

Et quand Monsieur reviendra-t-il?

BONAMY.

Je ne sais pas non plus : peut-être dans huit jours, peut-être dans six mois. Tu resteras ici et tu auras soin de mes filleuls... Je leur abandonne la maison...

CYPRIEN, avec intérêt.

Est-ce que Monsieur est malade ?

BONAMY.

Non, mais j'ai besoin de prendre l'air.

CYPRIEN.

Ce n'est pas l'air qui manque ici !... Et puis, Monsieur ne peut toujours pas partir avant dimanche.

BONAMY.

Pourquoi cela ?

CYPRIEN.

Je vais trahir un secret, mais il le faut. C'est dimanche la naissance de Monsieur et pour lui faire une surprise (baissant la voix), ces messieurs ont invité tous les filleuls de Monsieur.

BONAMY.

Comment tous mes filleuls ?

CYPRIEN.

Oui, Monsieur, ils arrivent tous samedi soir pour la petite fête. J'ai déjà commencé à faire les lits dans la chambre verte ; c'est comme un dortoir. Vous ne pouvez pas partir avant lundi. Ah voilà Mlle Colombe, qui revient du parc; elle a dévalisé tous les parterres.

(Colombe entre les bras chargés de fleurs.)

SCÈNE XVI.

COLOMBE, BONAMY.

COLOMBE.

Je viens de moissonner les fleurs qui avaient échappé à la gelée blanche; je veux, mon cher parrain, que vous jouissiez des dernières roses de votre jardin. Pendant quelques jours encore, elles embaumeront votre salon et elles vous rappelleront la pauvre petite Colombe qui va reprendre son vol vers la triste Angleterre, mais qui n'oubliera pas l'accueil si affectueux que vous lui avez fait.

BONAMY.

Tu pars déjà? Je croyais que tu devais passer les vacances ici?

COLOMBE.

C'était mon désir, mais les circonstances me forcent à partir.

BONAMY.

Explique-toi, je ne comprends pas.

COLOMBE.

Si vous étiez seul, mon parrain, je ne vous quitterais pas; je vous aurais même demandé la permission de prolonger mon séjour près de vous. J'étais si heureuse de me sentir aimée, entourée de soins, de prévenances!... Je n'ai pas la vie gaie là-bas; mon frère est souvent absent; et quand il est là, il est absorbé par ses affaires... par ses plaisirs, et je suis toujours seule.

BONAMY.

Pauvre petite!

COLOMBE.

Aussi, me trouvant si heureuse près de vous, j'avais fait un rêve..... mais comme tous les rêves, c'était une chimère.

BONAMY, avec intérêt.

Quel rêve, mon enfant?

COLOMBE.

J'avais un moment caressé l'espoir de ne plus vous quitter. Je me voyais déjà dans les longues soirées d'hiver qui doivent être si pénibles pour vous et qui le sont aussi pour moi, assise près de vous au coin du feu, et tâchant d'égayer votre solitude. J'aurais appris les jeux de cartes que vous préférez, je vous aurais chanté les airs que vous affectionnez le plus; pour ménager vos yeux déjà fatigués, je vous aurais fait la lecture. Enfin j'aurais tâché de vous rendre la vie douce et facile, et moi j'aurais connu le bonheur qui fuit toujours l'orphelin.

BONAMY.

Et pourquoi as-tu renoncé à ce projet?

COLOMBE.

Je ne puis vous le dire sans accuser quelqu'un que vous aimez.

BONAMY.

Je suis sûr que Théophile Berton y est pour quelque chose.

COLOMBE.

Eh bien oui, mon parrain. En France, les jeunes gens ne peuvent vivre à côté d'une jeune fille sans se croire obligés de lui faire la cour et M. Théophile s'est permis des paroles qu'on ne peut entendre que d'un fiancé.

BONAMY.

Mais s'il aspirait à ce titre de fiancé?

COLOMBE.

Je l'ignore, mais en tous cas, ce n'est pas à moi qu'il devait le dire.

BONAMY.

Tu as raison, mon enfant, mais il faut faire la part de son caractère. Théophile est un bon garçon, rangé, travailleur, mais il tient de sa mère qui était méridionale, une nature vive, ardente et un cœur prompt à s'enflammer. Séduit par ta grâce, par ta beauté, il s'est laissé entraîner à des avances que je blâme, mais une simple observation de ma part suffira pour les faire cesser. Te déplaît-il ?

    COLOMBE, baissant les yeux.

Non, mon parrain... Mais je le connais à peine et je ne donne pas mon affection aussi légèrement.

      BONAMY.

Rassure-toi, ma chère petite, tu peux rester ici certaine d'y être traitée et respectée comme tu le mérites. Tiens, voilà Berton qui vient là-bas ; laisse-moi seul avec lui.

      COLOMBE.

Au revoir, petit père. (Elle lui envoie un baiser et sort.)

SCÈNE XVII.

   BONAMY, la suivant des yeux.

Pauvre enfant !... Elle doit avoir la vie bien triste là-bas !... toute seule dans cette grande ville, loin de son pays, loin des amis de sa famille... Je vois que son frère ne comprend guère ses devoirs vis-à-vis d'elle... Que deviendra-t-elle, abandonnée à elle-même?... Hélas, sa mère, ma pauvre cousine, prévoyait bien l'isolement dans lequel elle se trouverait un jour lorsqu'à son lit de mort, elle m'a fait promettre de ne pas l'abandonner!... Je le lui jurai. (Il se lève.) Eh bien aujourd'hui, il faut tenir ma promesse... c'est mon devoir... Et après tout un devoir facile car elle est charmante, cette petite, et ce serait la joie de la maison!... Mais sa place est-elle bien chez moi? Chez un vieux garçon?... Eh bien, ce projet que Théophile caresse, il se réalisera peut-être un jour! En somme, il a tout ce qu'il faut pour plaire à une femme... de plus, il est intelligent, travailleur, et il pourrait me rendre de grands services dans la gestion de cette propriété qui est maintenant bien lourde pour moi. Allons, je n'aurai peut-être pas la vie calme que j'ai rêvée, mais je serai récompensé par le bonheur de ces deux enfants.

(Entrent T. Derville et T. Berton.)

SCÈNE XVIII.

BONAMY, T. DERVILLE, T. BERTON.

T. BERTON.

Comment, mon parrain, qu'est-ce que je viens d'apprendre? Cyprien me dit que vous partez ce soir.

BONAMY.

Non, mon ami, je ne pars pas. J'en avais eu l'intention, mais je renonce à ce voyage qui peut se remettre.

T. DERVILLE.

A la bonne heure car je vous assure que nous n'avons pas la moindre envie de vous quitter.

BONAMY.

Eh bien! restez, mes enfants. Seulement j'ai à causer sérieusement avec toi, Berton.

T. BERTON.

Avec moi? A vos ordres, mon parrain.

BONAMY.

Et après t'avoir grondé, car je vais te faire un peu de morale, je m'occuperai de tes plaisirs : tu as manifesté le désir d'avoir un cheval, je vais en faire venir un à ton intention.

T. BERTON.

Ah vous êtes vraiment trop bon!

BONAMY.

Et toi, pêcheur enragé, tu recevras demain les fameuses lignes dont tu avais tant envie.

T. DERVILLE.

Vraiment? Vous ne pouviez me faire un plus grand plaisir.

(Colombe et T. Béraud sont entrés pendant la dernière phrase.)

BONAMY.

Quant à Benjamin, puisqu'il a la passion de la chasse, je lui fais cadeau de la carabine qui a si bien démoli mes pauvres canards. Mais gare à l'amende si tu recommences!

T. BÉRAUD.

Soyez tranquille, mon parrain.

T. DERVILLE.

Il n'y a plus que notre petite sœur Colombe qui n'a pas eu part à vos largesses.

BONAMY.

Rassure-toi, je ne l'ai pas oubliée : elle m'a fait d'excellente musique sur un bien mauvais instrument; dans quelques jours, elle aura un piano digne de son talent.

COLOMBE.

Oh, mon petit père, comme vous savez bien aller au-devant de nos désirs! Mais comment ferons-nous pour vous témoigner notre reconnaissance et vous rendre tout le bonheur que vous nous donnez?

BONAMY.

En vous trouvant heureux près de moi, mes chers enfants. On dit que les vieux garçons deviennent égoïstes, eh bien je veux faire mentir le proverbe. Et au risque de passer pour une girouette, je dirai maintenant aux célibataires : si vous ne voulez pas vous marier, soyez parrains afin d'avoir dans vos vieux jours des enfants à aimer!

UNE LIGUE

COMÉDIE EN DEUX ACTES.

UNE LIGUE

COMÉDIE EN DEUX ACTES.

PERSONNAGES
{
MARIE BOISSIER, 14 ans.
LUCIE, sa sœur, 7 ans.
ALICE DERVAL, 9 ans.
JACQUES BOISSIER, 12 ans.
GEORGES DERVAL, 6 ans.
ALBERT MARTIN, 10 ans.
}

La scène se passe à la campagne chez Mme Boissier.

Le théâtre représente un salon.

ACTE I.

SCÈNE I.

MARIE, LUCIE, ALICE.

(Marie et Alice travaillent à l'aiguille, Lucie joue à la poupée.

MARIE.

Eh bien, ma chère Alice, puisque te voilà installée ici pour les vacances, je vais te mettre au courant des habitudes de la maison : d'abord, on se lève avec le soleil.

ALICE.

Pourquoi si tôt?

MARIE.

Ah! voilà : tu sais que nous avons une institutrice, Mlle Claire Fontaine.

ALICE, riant.

Mademoiselle Claire Fontaine?

MARIE.

Oui. C'est un drôle de nom, n'est-ce pas? Elle a manqué sa vocation, elle aurait dû se faire blanchisseuse. Si encore son caractère répondait à ce nom calme et limpide!... Mais je t'assure qu'elle n'a pas l'humeur joviale; elle vit dans une agitation perpétuelle; c'est une tempête que cette femme-là! Un ouragan! Un cyclone! Et pour notre malheur, elle s'est abattue sur notre maison comme institutrice, fonction qu'elle remplit, je t'assure, consciencieusement; il faut que les devoirs soient faits, et bien faits.

ALICE.

Alors pour avoir le temps de s'amuser, on se lève dès l'aube.

MARIE.

On pioche ferme jusqu'au déjeuner; et quand les pages d'écriture, les verbes, les analyses sont bâclés, mais convenablement bâclés, on envoie promener les grammaires, les questionnaires, sans compter Mlle Claire, et on file dans le parc.

ALICE.
Et qu'est-ce qu'on fait dans le parc ?

MARIE.

Ah! les plaisirs sont variés : on se balance, on fait de la gymnastique, on déniche des oiseaux, on court après les canards ; on emprisonne des petits poulets sous les cloches à melons et on se cache dans les groseillers pour voir la figure ébahie du jardinier ; on pêche des petits poissons rouges pour les mettre dans les carafes préparées pour le dîner, on enferme des sauterelles dans un sucrier couvert et quand on prend le café, tante Mathilde fait Ah! (elle pousse le cri d'une personne effrayée), cousine Hélène fait Oh! (même cri), tout le monde crie, c'est à mourir de rire... Enfin, ma Licette, nous allons tâcher de nous amuser ; promène-toi, repose-toi, lis, dessine, travaille, tourne tes pouces, liberté absolue! La seule chose défendue c'est de s'ennuyer et d'avoir envie de s'en aller.

LUCIE.
Il est défendu aussi de taquiner les petits.

ALICE.
Sois tranquille, ma petite chérie, je ne te taquinerai pas... Pourquoi se taquiner ? Ça n'amuse que ceux qui taquinent et ça fait de la peine aux autres. Ici nous voulons que tout le monde soit content.

LUCIE.

Parle donc à Alice de la Ligue.

MARIE.

Tiens, c'est vrai, j'oubliais de te mettre au courant de nos projets; nous fondons une grande association. (Elle regarde la pendule.) Mais il est midi; c'est justement l'heure fixée pour la séance; je vais appeler nos ligueurs. (Elle ouvre la fenêtre.) Allons, allons, arrivez la marmaille!

SCÈNE II.

Les précédents, JACQUES, ALBERT, GEORGES.

JACQUES.

La marmaille! La marmaille! Je vous prie, mademoiselle ma sœur, d'être plus respectueux envers votre frère.

MARIE.

Comment faut-il appeler monsieur? Monseigneur?

ALBERT.

Voyons, ne perdons pas de temps.

MARIE (elle s'assied devant une table).

Comme l'aînée de la bande, je me nomme présidente, et comme présidente, j'ouvre la séance... Asseyez-vous. Ceux qui n'auront pas de sièges resteront debout; on dit que ça fait grandir... Tout le monde est casé? Alors, silence et écoutez-moi :

Messieurs et Mesdemoiselles,

Puisque deux nouveaux membres (montrant Alice et Georges), nous font l'honneur d'entrer dans notre association, nous devons leur faire connaître les statuts de notre société :

Article premier. — Une ligue est formée entre Mlles Marie et Lucie Boissier, Mlle Alice Derval ici présentes. Le but de cette association est la recherche et la pratique du bien. Chaque membre s'engage à faire chaque jour une action méritoire.

TOUS.

Bravo! Bravo!

MARIE.

Le sexe laid n'est pas exclu du sein de cette assemblée.

JACQUES.

Comment le sexe laid! en voilà une manière gracieuse de nous désigner!

MARIE.

Puisque vous répondez à cette appellation, c'est qu'elle est juste.

ALICE.

On nous appelle le beau sexe, l'autre sexe doit être le vilain.

JACQUES.

Voyez-vous cette petite nabote qui donne son avis!

MARIE.

Je reprends : Article II. — Comme toute bonne action mérite une récompense, on donnera *un sou* à celui qui se sera distingué d'une manière quelconque, *deux sous* à celui qui aura accompli un acte de courage. Celui qui aurait fait une action vraiment éclatante recevrait... *trois sous!!!*

JACQUES.

Ce ne serait pas trop payé!

MARIE.

Cela qui n'aura rien fait paiera un sou d'amende.

JACQUES.

Qui est-ce qui fournit les fonds?

MARIE.

C'est papa.

JACQUES.

Ah, ça me rassure.

MARIE.

Je vous propose comme secrétaire Mlle Alice Derval.

JACQUES.

Et pour être élevée à cette dignité, quels sont ses titres?

ALICE.

J'en ai beaucoup : d'abord j'écris comme un chat... et puis je ferais fortune si je voulais faire le commerce des pâtés que je mets sur mes cahiers.

JACQUES, ricanant.

Nous aurons là une jolie secrétaire !

MARIE.

On prend ce qu'on trouve.

JACQUES.

Eh bien, et moi?

MARIE.

Toi, tu seras trésorier.

JACQUES.

Cette confiance m'honore !

ALICE, riant.

Ah! Il n'y a rien dans la caisse.

ALBERT.

Je demande la parole : il me semble qu'il faudrait commencer par donner un nom à cette Ligue.

MARIE.

C'est très juste. Avez-vous un nom à proposer?

ALBERT.

Nous pourrions prendre le nom d'une Ligue célèbre dans l'histoire, la Sainte Ligue, par exemple.

JACQUES.

Si nous remontons à Louis XII, il n'y a pas de raisons pour ne pas remonter à la Ligue Achéenne et rêver la gloire de Philopœmen. Ce serait un jeu renouvelé des Grecs... comme le jeu d'oie... Ce ne serait peut-être pas si mal nommé!

ALICE.

C'est flatteur pour nous.

MARIE.

Vous faites des allusions blessantes, je vous rappelle à l'ordre.

ALICE.

Moi je propose de l'appeler : la Ligue Titusienne.

JACQUES.

En voilà un nom baroque!

ALICE.

Je m'explique : Titus était un empereur romain qui disait avoir perdu sa journée quand il n'avait pu faire une bonne action; il me semble que son nom ne serait pas mal choisi.

TOUS.

Bravo! Bravo!

MARIE.

Adopté à l'unanimité!

ALICE.

Eh bien, et nous, Lucie, Georges et moi, qu'est-ce que nous ferons?

MARIE.

Vous représenterez le public.

ALBERT.

Pourquoi ne voulez-vous pas que je sois membre de la Ligue? Vous êtes des méchants.

JACQUES.

Tu n'es pas content? Eh bien, tu représenteras l'opposition.

ALBERT.

Alors j'aurai le droit de siffler?

MARIE.

Ah mais non.

ALBERT.

Eh bien, et la liberté!

MARIE.

Tu auras la liberté de t'en aller, mais si tu fais du tapage, on te mettra dehors.

ALBERT.

Alors je jetterai des cailloux dans les carreaux.

JACQUES.

Si tu casses les carreaux, on te donnera une bonne râclée.

ALBERT.

On appellera votre ligue : La Ligue des galopins!

MARIE.

J'ai sans doute mal entendu : voulez-vous répéter.

ALBERT.

La Ligue des galopins! (très haut) des galopins!

MARIE.

Je vous rappelle à l'ordre.

ALBERT.

Puisque je représente l'opposition, il faut bien que j'en fasse.

ALICE.

Moi je demande qu'Albert, Lucie et Georges fassent partie de la Ligue.

JACQUES.

Aux voix! aux voix! Ceux qui voteront pour eux lèveront la main.

MARIE.

J'accorde deux minutes de réflexion... Les opinions sont libres. (Bas à Alice.) Vote pour eux, je te donnerai un chapeau pour ta poupée.

JACQUES, bas à Alice et lui montrant le poing.

Si tu votes pour eux, je ne te dis que ça!

MARIE.

Nous rappelons que les opinions sont libres.

ALICE.

Libres! libres! Quand on est menacé de recevoir des coups de poing!

MARIE.

Le scrutin est ouvert... Y sommes-nous? (Marie et Alice lèvent la main.)

MARIE.

Ils ont la majorité. Trois nouveaux membres sont élus... Et maintenant, mes chers collègues, à l'œuvre! Ce n'est pas en paroles que nous devons servir la Ligue; il faut agir et nous rendre dignes du nom qu'elle porte. Courage et persévérance!... Soyons les protecteurs des faibles, unissons nos efforts pour faire le bien et nous aurons bien mérité de la patrie! (Applaudissements.) Ce soir, séance à six heures où chacun viendra rendre compte de ce qu'il aura fait. (D'un ton protecteur et solennel.) Allez, mes enfants, tâchez de vous couvrir de gloire et de mériter les lauriers qui vous attendent! Retirez-vous en bon ordre. (Ils sortent tous à l'exception d'Alice.)

ALICE, au public.

Nous invitons les spectateurs à la séance de ce soir en les remerciant de nous avoir écoutés et en réclamant de nouveau toute leur indulgence.

ACTE II.

SCÈNE I.

MARIE, JACQUES.

(Marie est assise à la table, Jacques regarde à sa montre.)

JACQUES.

Six heures un quart! Ils ne sont guère exacts nos Ligueurs. (Il regarde à la fenêtre.) Ah les voilà! (Ils entrent tous en parlant et en se bousculant.)

MARIE agite la sonnette.

De l'ordre! de l'ordre! de la tenue! Entrez l'un après l'autre et parlez chacun à votre tour. C'est à l'aîné à commencer : Monsieur Jacques Boissier?

JACQUES.

Présent!

MARIE.

Qu'avez-vous fait pour mériter la haute récompense réservée au plus digne?

JACQUES.

La haute récompense! Un sou! C'est maigre.

MARIE.

Nous laissons de côté la vile question d'argent, nous travaillons pour la gloire!

JACQUES.

A deux heures je suis parti armé d'une ligne et j'ai été m'installer au bord de l'eau près de l'endroit où se baignent les gamins du pays ; ils étaient là une trentaine qui barbottaient dans la rivière et je me disais : « dans le nombre, il y aura certainement quelque imprudent qui s'aventurera loin du bord et qui risquera de se noyer. (D'un ton important.) Je nage comme trois poissons, je me jette à l'eau, je lutte contre le courant, je plonge, je reviens à la surface, je plonge de nouveau, je reparais, je replonge... et enfin, aux applaudissement de la foule, je dépose sur le bord l'enfant que j'ai arraché à la mort ! Je me dérobe modestement à l'ovation qui m'attend pour venir réclamer mes trois sous ! »

ALBERT.

Ça valait bien ça ! Ce n'est même pas assez payé.

JACQUES.

Eh bien, je n'ai pas eu cette chance là : tous ces petits crapauds nagent comme des grenouilles et il n'y a pas à espérer le plus petit accident.

ALBERT, en ricanant.

C'est vraiment dommage !

MARIE.

N'interrompez pas.

JACQUES.

Je revenais à la maison lorsqu'en traversant la

route, j'aperçois l'omnibus du chemin de fer qui, contre son habitude, paraissait filer avec une vitesse vertigineuse. Je me dis : « voilà la rosse du père Mathieu qui s'emballe; ce miracle est fait pour moi; c'est l'occasion ou jamais de se montrer! » Je me plante au milieu de la route et je l'attends de pied ferme en me disant : « Quand nous allons nous trouver face à face, je lui saute à la tête, je me rends maître de ce coursier en délire et je sauve la vie à douze personnes, sans compter le conducteur. »

ALICE, effrayée.

Ah mon Dieu, vous n'êtes pas blessé?

JACQUES.

Blessé! Je n'ai pas couru le moindre danger..... C'était une fausse joie. Le bouriquet est arrivé sur moi à une allure tout à fait rassurante; et quand il m'a vu gesticulant au milieu de la route, il s'est arrêté net et m'a regardé avec étonnement. Il avait l'air de me dire : « Qu'est-ce qui te prend, mon bonhomme? C'est toi qui t'emballes; moi je n'en ai pas la moindre envie. » Les voyageurs ont dû me croire fou; et je suis rentré tout penaud de n'avoir trouvé aucune occasion d'illustrer mon nom... Je me suis étendu tout de mon long sur l'herbe renonçant pour aujourd'hui à mes rêves de gloire! Voilà mon sou.

MARIE.

C'est à toi, Albert, qu'est-ce que tu as fait pour la patrie ?

ALBERT.

J'ai mangé pour mon goûter tout le pot de confitures de prunes.

JACQUES, riant.

En voilà une belle action !

MARIE.

Ton nom passera à la postérité.

ALICE.

Tu auras le prix Montyon.

JACQUES.

On t'élèvera une statue.

ALBERT.

Mon Dieu, ce n'est pas si bête que ça en a l'air : la cuisinière avait dit hier que ces confitures étaient fermentées et que ceux qui en mangeraient risquaient d'être malades. Malgré cela, la bonne les destinait au goûter ; alors j'ai tout mangé afin qu'il n'en reste pas pour les autres.

JACQUES.

C'est tout simplement sublime !... Mais les as-tu trouvées bonnes ?

ALBERT.

Excellentes.

JACQUES.

Alors ta gourmandise y a trouvé son compte,

car habituellement tu ne crains pas les confitures.

ALBERT.

Je risquais de me rendre malade.

JACQUES.

Mais tu ne l'es pas... Enfin tout espoir n'est pas perdu... tu le seras peut-être...

ALBERT.

Alors je n'aurai pas de sou?

MARIE.

C'est l'avenir qui décidera!!! A qui le tour?

JACQUES.

C'est à Alice à raconter ses hauts faits.

ALICE.

Moi je n'ai pas goûté du tout.

JACQUES.

Il y a une grande variété dans les genres de sacrifices : les uns mangent trop, les autres ne mangent rien ; il y en a pour tous les goûts et pour tous les estomacs.

ALICE.

J'étais sortie du parc pour aller dans la prairie cueillir un bouquet pour maman ; j'avais mis dans ma poche mon goûter qui se composait d'un morceau de pain et d'une poire (se tournant vers le public) pour la soif. Je commençais à être fatiguée et je mourais de faim quand j'aperçus, assise au bord du chemin, la petite Louise, la gardeuse de vaches ;

elle me raconta en pleurant qu'un gros chien venait de lui enlever son goûter qu'elle avait caché dans l'herbe... Je lui tendis mon pain et ma poire... je suis rentrée l'estomac vide et... c'est tout. Ah! je n'ai pas la prétention d'avoir fait une action héroïque!

MARIE.

C'est égal, tu as droit à une récompense; voilà ton sou, c'est je crois à mon tour de me confesser: Eh bien, mes enfants, tout ce que vous avez fait n'est que de la Saint-Jean à côté de mon dévouement. Apprêtez-vous à m'applaudir. J'enfonce les Mucius Scévola, les Horatius Coclès, les trois générations de Décius!

JACQUES.

Pas pour la modestie.

ALBERT.

Au fait! Au fait!

MARIE, avec emphase.

J'ai fait pendant trois heures la partie de bézigue de Mlle Claire.

JACQUES.

Ce n'est que ça?

MARIE.

Comment ce n'est que ça! Qu'est-ce qu'il vous faut donc? Pendant trois heures, grâce à une patience angélique, j'ai réussi à conjurer les orages, à apaiser les tempêtes qui menaçaient de troubler cette Claire Fontaine. Et remarquez, mes enfants, que pendant ce temps-là vous ne l'aviez pas sur le dos; je l'empêchais de déborder dans tous les coins du parc où elle n'aurait pas manqué d'aller vous ennuyer. C'est une journée de repos que je vous ai procurée.

ALBERT.

Ça c'est vrai; elle mérite bien un sou.

MARIE.

Un sou! Mais c'est une dérision. Je demande un sou l'heure... ou je me mets en grève.

TOUS.

Accordé! Accordé!

MARIE.

Maintenant c'est aux mioches à venir raconter leur petite histoire. Allons, approchez les bambins.
(Lucie et Georges s'avancent en se tenant par la main.)

MARIE.

Qui est-ce qui prend la parole? (Les enfants se taisent.) Eh bien ?... Vous avez pourtant la langue bien pendue habituellement... Voyons, qu'est-ce que vous avez fait?

JACQUES, d'un ton moqueur.

Mademoiselle Lucie aura lâché les poulets dans le parc, ou elle aura fait une omelette en voulant dénicher les œufs. Monsieur Georges se sera offert à faire la cueillette des fraises pour le dîner, mais au lieu de revenir directement à l'office, les fraises auront pris la route de son estomac.

####### ALICE.

Ne vous moquez donc pas d'eux ; vous allez les intimider. (Elle s'approche des enfants.) Allons, mon Georget, puisque tu veux toujours être un petit homme, il faut savoir parler, en public... un peu de courage !

(Les enfants se taisent et baissent la tête.)

####### ALICE.

Eh bien, moi je vais vous dire ce qu'ils ont fait : se sentant trop faibles pour agir seuls, ils ont sans le savoir mis en pratique ce proverbe : L'union fait la force ! Et ils ont réuni leurs deux faiblesses. Attelés à la petite voiture de Lucie, ils ont fait plus de vingt voyages au chemin des prés. M. Boissier avait dit hier que les derniers orages avaient défoncé la route et que les pauvres chevaux ne pouvaient plus en sortir. Pendant trois heures, Lucie et Georges ont chargé leur petit tombereau des pierres qu'ils ramassaient en plaine pour les verser dans les ornières profondes qu'ils ont réussi à combler. En revenant de ma promenade, j'ai été bien étonnée de trouver le chemin en bon état. Voilà ce qu'ils ont fait nos petits Ligueurs !

####### JACQUES.

C'est très beau (au public), ils en ont toujours fait plus que moi... Je vote trois sous pour eux.

MARIE.

Adjugé!... Je leur décerne en outre ces deux couronnes réservées aux vainqueurs. (Alice couronne Georges et Lucie.)

ALBERT, donnant deux oranges à Georges.

Tiens, mon mignon, voilà pour toi.

ALICE donne à Lucie un paquet d'images.

Tiens, ma chérie, je te donne tout cela. (Se retournant vers le public.) Sont-ils gentils! Aux innocents les mains pleines!

MARIE, au public.

Et maintenant que nous les avons récompensés, c'est à vous à leur témoigner votre satisfaction : nous vous demandons pour eux quelques bravos dont nous garderons pour nous une petite part.

FLEUR DE NEIGE

COMÉDIE EN UN ACTE

FLEUR DE NEIGE

COMÉDIE EN UN ACTE.

PERSONNAGES.
{ MADAME DE RÉVILLE.
JEANNE, sa fille, 17 ans.
PAUL BERSON, 28 ans.
Un domestique. }

La scène se passe au château de Mme de Réville.
Le théâtre représente un salon.

SCÈNE I.

Personne en scène. On frappe timidement à la porte, puis plus fort ; Paul entre avec précaution, tenant à la main sa canne et son chapeau.

Personne!... Enfin me voilà dans la place... mais à peine arrivé, je voudrais déjà être à cent lieues d'ici, car je vais me trouver dans la position la plus grotesque qu'on puisse imaginer... Voyons, relisons la lettre de ma tante afin de ne pas faire de bévue. (Il tire une lettre et lit.)

« Mon cher Paul,

« La jeune personne en question, Jeanne de Réville, est une petite sauvagesse qui ne veut pas entendre parler mariage et qu'il sera probablement assez difficile d'apprivoiser; mais moi qui la connais, je puis te dire que c'est bien la plus charmante fille qu'on puisse rêver et qu'elle personnifie l'idéal que tu as pu te faire d'une compagne. Seulement il faut agir avec prudence et diplomatie. Si tu te posais en prétendant, tu serais certainement fort mal reçu. Je laisse à ton tact et à ton habileté le soin de trouver une façon adroite de te présenter sans éveiller ses soupçons. Sa mère qui est dans la confidence t'aidera à trouver un prétexte plausible à ton arrivée au château. Bon courage et bonne chance! » C'est bientôt dit!... Elle ne doute de rien ma tante...

Jusqu'à présent je n'ai encore rien imaginé pour expliquer ma venue. J'espérais, en arrivant ici, trouver Mme de Réville et je comptais sur elle pour me tirer d'embarras, mais depuis que j'ai franchi le seuil de cette habitation, je n'ai pas rencontré un visage humain : à la grille, je cherche en vain une sonnette qui eût annoncé mon arrivée; je passe devant la niche d'une espèce de cerbère préposé sans doute à annoncer les visiteurs... en m'apercevant, il remue la queue

comme pour saluer un vieil ami. J'enfile une
grande avenue déserte, je monte le perron en
frappant du pied chaque marche espérant attirer
l'attention de quelque serviteur. J'entre dans un
vaste vestibule où je suis reçu par les neuf muses
qui me sourient agréablement... sans bouger de
leurs piédestaux; je tousse, j'éternue... enfin, las
d'attendre, je pénètre dans ce salon où je trouve...
visage de bois... Il y a une trotte de la gare ici!
(il s'assied) pourtant je ne regrette pas ma journée
ni la course un peu longue que j'ai dans les
jambes. Quel splendide pays! Quelle vallée délicieuse! Quels points de vue pittoresques!... Tout
est séduisant, tout est tableau! Et si j'avais eu mes
pinceaux, vingt fois j'aurais été tenté de fixer sur
la toile ces charmants souvenirs... Ce serait un
rêve de vivre dans ce beau pays avec une femme
aimée qui me comprenne et m'encourage!... Ce
qui n'est pas un rêve, à moins que ce ne soit
un cauchemar, c'est le rôle ridicule que je vais
jouer si je rencontre quelqu'un avant d'avoir vu
Mme de Réville... On va me demander ce que je
fais ici, ce que je viens y chercher et du diable
si je sais ce que je vais répondre... Si je me
sauvais! Mais on me prendra pour un voleur...
Ah! j'entends des pas sur le sable... (Il court à la fenêtre.) Une femme!... C'est sans doute Mme de Réville... Non, c'est une jeune fille... toute jeune...

Ah! qu'elle est jolie! C'est sans doute Mlle Jeanne... elle monte le perron... Ah! mon Dieu, qu'est-ce que je vais lui dire?

SCÈNE II.

PAUL et JEANNE.

JEANNE, gaiement et très à son aise.

Ah! bonjour Monsieur; vous devez trouver qu'on est peu hospitalier ici; maman est sortie... Si vous voulez bien l'attendre un moment, elle ne tardera pas à rentrer. Asseyez-vous donc... Est-ce que vous êtes venu à pied de la gare?

PAUL.

Oui, Mademoiselle.

JEANNE.

C'est étonnant que maman ne vous ait pas envoyé la voiture, car elle espérait que vous amèneriez vos enfants.

PAUL, interdit.

Mes enfants?

JEANNE, appuyant.

Vos amours d'enfants! Maman m'a dit qu'ils étaient adorables et je mourais d'envie de les connaître. Pourquoi ne les avez-vous pas amenés?

PAUL.

Parce que...

JEANNE, riant.

Parce qu'on n'a pas voulu vous les confier. (A part.) Comme il a l'air jeune pour un père de trois enfants... Enfin ce sera pour une autre fois... Mais voyons, pendant que maman n'est pas là, si nous complotions ensemble?... Voulez-vous?

PAUL.

A quel propos?

JEANNE, se rapprochant et confidentiellement.

Au sujet de la petite tourelle.

PAUL, ahuri.

De la petite tourelle...

JEANNE.

Oui... Vous venez, n'est-ce pas, pour la restauration et l'agrandissement de la ferme? Eh bien, qu'est-ce que vous allez faire de la petite tourelle?

PAUL.

Je... je ne sais pas trop.

JEANNE.

Vous n'avez donc pas étudié le plan?

PAUL.

Le plan?

JEANNE.

Oui. (A part.) A-t-il l'air godiche! (Avec intérêt.) Vous avez peut-être besoin de prendre quelque chose?

PAUL, se remettant.

Mais non, pourquoi?

JEANNE.

Mais (riant) pour vous réveiller un peu... vous avez l'air... fatigué.

PAUL, vivement.

Non, non, pas du tout.

JEANNE, rapprochant sa chaise de celle de Paul.

Eh bien alors, causons sérieusement : qu'est-ce que vous pensez de la démolition de la tourelle?

PAUL.

Il me semble... je crois... qu'elle est... indispensable.

JEANNE, se levant.

Alors nous ne nous entendrons jamais!

PAUL.

C'est-à-dire... je me trompe peut-être... j'aurais besoin d'étudier la question sur les lieux.

JEANNE.

Ah! vous ne voulez pas vous compromettre... vous vous gardez une porte de derrière... vous réservez votre opinion pour être de l'avis de maman. C'est très adroit mais ce n'est pas bien : un homme doit toujours avoir une opinion arrêtée... Eh bien, moi qui ne suis qu'une femme, je dis carrément que je ne veux pas qu'on la démolisse et il faut que vous disiez comme moi pour persuader maman.

PAUL.

Pourquoi tenez-vous tant à la conservation de cette tourelle ?

JEANNE.

Ah ! voilà : venez avec moi près de la fenêtre. Vous voyez bien une petite lucarne tout en haut de la tourelle?

PAUL.

Non, pas du tout.

JEANNE.

Mais si, sur le bord de laquelle il y a deux pigeons blancs qui s'embrassent.

PAUL.

Ah ! oui, parfaitement.

JEANNE.

Au dessous de cette lucarne, vous voyez une fenêtre ouverte.

PAUL.

Non.

JEANNE.

Comment, vous ne voyez pas!... (Elle le regarde.) Mais vous regardez toujours les deux pigeons; baissez donc les yeux... plus bas... descendez... y êtes-vous?

PAUL.

Ah ! très bien, j'y suis.

JEANNE.

Voyez-vous une femme âgée qui tricote à cette fenêtre?

PAUL.

Oui.

JEANNE.

Eh bien, c'est Claudine, la mère de ma nourrice, une pauvre vieille qui habite là depuis cinquante ans. Depuis dix ans, elle a les jambes paralysées, elle ne quitte pas son fauteuil et n'a plus d'autre distraction que celle de nous voir jouer sous sa fenêtre. Quand nous faisons une partie de crocket sur cette grande pelouse qui s'étend devant le perron, elle suit avec intérêt les péripéties du jeu; elle fait des vœux pour que je gagne parce qu'elle m'adore et bat des mains quand je fais un beau coup.

PAUL.

Vous la considérez comme un talisman qui vous porte bonheur.

JEANNE.

Oui, mais ce n'est pas pour cela que je plaide sa cause; si vous saviez tout ce que nous lui devons : à l'âge de douze ans, j'ai fait une maladie grave; c'est elle qui m'a sauvée; pendant soixante jours et soixante nuits, elle est restée assise près de mon lit, me disputant à la maladie, défendant à la mort d'approcher. Le médecin me l'a dit souvent depuis : sans elle, je ne serais plus de ce monde.

PAUL.

Et c'eût été dommage.

JEANNE.

Ce n'aurait peut-être pas été une grande perte, mais c'est toujours un malheur de mourir quand on a encore une mère pour vous pleurer... Pendant la guerre, c'est elle qui a sauvé le château du pillage. Tous les serviteurs s'étaient enfuis; elle seule est restée là, tenant tête aux Prussiens. On raconte qu'elle s'était adossée à la porte de la tourelle : « Fusillez-moi, si vous le voulez, disait-elle, mais je ne vous donnerai pas les clefs du château. » Et vous voulez qu'on oublie tout cela, qu'on la mette à la porte de cette chambre où est née sa fille, ma nourrice, où elle a vu mourir son mari ; vous voulez qu'on la prive de la seule distraction qui lui reste, celle de nous voir, de nous entendre et de nous couver des yeux comme elle le faisait quand nous étions petits!... Tenez, elle m'a vue, elle m'envoie un baiser : « Bonjour, grand'mère, bonjour, ma bonne Claudine. » Ah! ce serait cruel de la mettre à la porte?

PAUL.

Vos parents lui offriraient sans doute un autre gîte où elle pourrait mourir tranquille.

JEANNE.

Mourir, oui, car ce serait la tuer que de la reléguer là où elle ne nous verrait plus... Moi, elle me verrait encore parce que je ne l'abandonnerais pas, mais... mon frère, son Fernand chéri, elle ne le verrait jamais, car lorsqu'il vient au château... elle ne le voit plus guère que de sa fenêtre!... Enfin je compte sur vous pour m'aider; vous direz à maman que cette tourelle a toujours fait partie de la ferme, que la poutre de la grange y passe, que la tourelle démolie, le bâtiment menacerait ruine... Enfin dites ce que vous voudrez; vous êtes architecte, c'est votre affaire!... Et puis, si vous n'avez pas de bonnes raisons à donner, donnez-en de mauvaises; vous direz peut-être des sottises, je vous ferai peut-être faire une ânerie; mais on dit que les architectes en font souvent. Ah! pardon! Il doit y avoir des exceptions et vous êtes sans doute du nombre... et puis, voyez-vous, on ne fait jamais une sottise quand on fait une bonne action.

PAUL, à part.

Est-elle gentille!

JEANNE.

Nous sommes d'accord, n'est-ce pas?... Vous devez vous impatienter?

PAUL.

Pas du tout.

JEANNE.

Je ne m'explique pas l'absence de maman... En l'attendant, voulez-vous faire une partie de crocket?

PAUL.

Volontiers.

JEANNE.

Vous êtes peut-être bien sérieux, pour vous abaisser à ces jeux enfantins. Un père de famille! Cependant il ne faut pas vous rouiller si vous voulez jouer un jour avec vos enfants. Seulement, je vous préviens que je joue gros jeu.

PAUL.

Ah! vous jouez de l'argent?

JEANNE.

Mais qu'est-ce que vous voulez qu'on joue si on ne joue pas d'argent?

PAUL.

L'honneur.

JEANNE, riant.

L'honneur! Ah! c'est ça qui m'est indifférent! Et je vous préviens que je ne suis pas bonne joueuse; quand je perds, je deviens enragée... Ah! dame, quand on a des charges!

PAUL, riant.

Des charges!... Vous n'avez pourtant pas une famille sur les bras?

JEANNE.
Non, mais j'ai un frère.
PAUL.
Et il est à votre charge?
JEANNE.
En partie... il est à Paris, il fait ses études.
PAUL.
Eh bien... est-ce que vos parents ne lui font pas une pension?
JEANNE.
Si, mais insuffisante... Je ne devrais pas vous dire tout cela, mais c'est que vous pourrez peut-être me rendre service... entre nous, sans moi, le pauvre garçon mourrait de faim.
PAUL.
Ah! mon Dieu! Vos parents sont donc bien féroces?
JEANNE.
Non, mais les parents d'aujourd'hui sont si arriérés! ils sont... comment dirai-je? Rapaces, non, ce ne serait pas convenable... intéressés, ce ne serait pas non plus exact... enfin... ils ne sont pas dans le train! C'est une manière polie, n'est-ce pas, de dire qu'ils n'ont pas marché avec leur siècle et qu'ils ne comprennent pas du tout les besoins du jour.... La vie est si chère à Paris! Eh bien, quand mon pauvre Fernand a payé son

loyer, son restaurant, son tailleur, il ne lui reste littéralement rien pour...

PAUL, l'interrompant.

Pour ses plaisirs.

JEANNE.

Ah! bien oui, ses plaisirs! On ne se donne pas le superflu quand on n'a pas le nécessaire. Il ne peut pas payer son bottier.

PAUL.

Mais les chaussures ne sont pas une si grosse dépense.

JEANNE.

Détrompez-vous : à Paris, c'est inouï ce qu'on dépense en chaussures! Je suis même étonnée de ce qu'il en use... Pauvre garçon! Il ne peut pourtant pas aller pieds nus comme un ramoneur... Vous me direz qu'il y a des chaussures à tous prix ; mais il se chausse chez le meilleur bottier de Paris et il dit que c'est une économie parce que c'est de la marchandise de premier choix... Et puis, il ne porte que des chaussures commandées pour lui... il est un peu aristocrate, mon frère, un vrai gentleman... (se redressant avec un air d'importance) et il ne voudrait jamais porter des chaussures qui auraient été essayées par d'autres.

PAUL, souriant.

Je comprends.

JEANNE.

Ah! vous me comprenez, n'est-ce pas? Figurez-vous que le pauvre garçon ne prend jamais de voiture, par économie, ce qui fait qu'il en use encore davantage. Enfin, chaque fois qu'il vient ici, il a des souliers percés, ça me fend le cœur et je casse ma tirelire.

PAUL.

Vous avez donc une tirelire?

JEANNE.

Oui. J'y mets l'argent des étrennes, mes gains au jeu... et puis, de temps en temps, je tire à papa... une petite carotte, comme dit mon frère, et j'attrape un louis... Ah! elle a été souvent bien près d'être pleine, ma tirelire, et j'attendais ça avec impatience pour m'acheter... (baissant la voix) un revolver!

PAUL, se reculant.

Un revolver? Pourquoi faire, mon Dieu?

JEANNE.

Pour me défendre contre les braconniers... J'adore la chasse, seulement j'ai une peur atroce des braconniers, et comme je connais aussi bien qu'eux les bons endroits, nous risquons tous les jours de nous trouver nez à nez... Et moi, je ne suis pas armée comme eux; je chasse à l'arc, comme les sauvages, ou à la sarbacane parce que les armes à feu sont trop dangereuses... Ce n'est pas que la semaine dernière j'ai manqué crever l'œil de papa, et encore c'était le bon, car il en a un dont il ne voit guère... mais aussi c'est de sa faute : il grimpe dans un cerisier très touffu pendant que je guettais des merles.

PAUL, riant.

Et vous l'avez pris pour un merle ?

JEANNE un peu scandalisée.

Oh ! non. Mais, pour en revenir à ma tirelire, je m'en étais acheté une en porcelaine ; c'était un joli petit canard qui avalait les sous... et qui les gardait : il commençait à s'alourdir lorsque Fernand vient ici ; c'était le jour de ma fête et il m'apportait deux écrans chinois pour ma chambre. Était-ce assez gentil de sa part de penser à moi quand le pauvre garçon manquait du nécessaire !... Le lendemain, au moment de partir, je le voyais triste, préoccupé et je lui demandai ce qu'il avait. D'abord il ne voulut pas me répondre ; enfin il finit par me conter ses ennuis : il avait absolument besoin d'une paire de souliers vernis pour un grand bal auquel il était obligé d'aller et il m'a avoué que les eaux étaient basses, ce qui voulait dire qu'il n'avait pas un rotin dans son gousset !... Je ne fais qu'un bond à ma chambre et je lui apporte triomphalement mon canard !... Il le refuse : « Mais non, petite sœur, disait-il, je ne veux pas te prendre tes économies. »

J'insiste, et dans le débat, mon oiseau tombe par terre et se brise en mille morceaux. « Aide-moi donc à ramasser, lui criai-je ; mais, c'est convenu, ce que tu ramasses, tu le gardes! » Alors je faisais semblant de ne pas voir les pièces d'or et d'argent et je me jetais sur les sous. Et, comme cela, il a bien voulu accepter.

PAUL, un peu narquois.

C'était vraiment bien gentil de sa part!

JEANNE.

Assurément, car j'aurais eu bien du chagrin s'il m'avait refusé... Et puis, il a sauvé la vie d'un homme, car si j'avais eu un revolver, je tuais certainement un braconnier... Je remplace mon canard, au bout de deux mois il a le même sort ; alors maintenant j'achète des petits tonneaux d'un sou, et en les prenant à la douzaine, on m'en donne deux par-dessus le marché.

PAUL.

Vous en faites donc une grande consommation?

JEANNE.

J'en suis à mon quatorzième tonneau ; j'en casse autant de fois que Fernand vient ici... Si je vous raconte tout cela, c'est pour que vous fassiez indirectement la leçon à papa : vous qui habitez Paris, vous devez savoir le prix de toutes choses et particulièrement des chaussures... Il faut une tenue si parfaite dans le monde où il va!

PAUL.

Quel monde?

JEANNE.

Mais... le grand monde... il se destine à la diplomatie; et, entre nous, je n'aime pas beaucoup cette carrière-là.

PAUL.

Pourquoi donc?

JEANNE.

D'abord, parce que je ne la comprends pas très bien; je crois pourtant que ça consiste surtout à ne pas dire un mot de ce qu'on pense et à fourrer son monde dedans... Et moi j'aime la franchise, la loyauté. Pas de détours, pas de petits chemins, droit au but!

PAUL.

Comme vos flèches.

JEANNE.

Oh! mes flèches, elles vont quelquefois à côté, mais ce n'est pas ma faute. Et puis cette carrière est venue démolir tous mes rêves.

PAUL.

Quels rêves?

JEANNE.

J'aurais voulu que mon frère fût artiste. Dieu, que c'est beau les arts!

PAUL.

La musique?

JEANNE.

Ah non, par exemple, j'ai assez de m'entendre. J'aurais désiré que Fernand fût un grand peintre. Comme j'aurais été fière de lui!... et cela m'aurait consolée d'un grand chagrin.

PAUL, avec intérêt.

Un chagrin?

JEANNE.

Oui, j'aurais voulu faire de la peinture : du paysage, des fleurs. C'est si beau la nature! Comme j'aurais été heureuse de pouvoir fixer sur la toile un paysage qui m'enchante et que je ne reverrai peut-être jamais; une rose qui me séduit et qui sera flétrie le lendemain! Que de jouissances doivent avoir les artistes!

PAUL.

Et qui vous a empêchée de travailler cet art dont vous êtes éprise?

JEANNE.

Les circonstances dans lesquelles j'ai vécu : mes parents passent toute l'année dans cette campagne, loin des ressources intellectuelles qu'on trouve dans les villes.

PAUL.

Le temps doit vous sembler bien long pendant les mois d'hiver?

JEANNE.

Oh! non, je ne m'ennuie jamais : ne pouvant

me livrer aux occupations qui m'auraient passionnée, je m'en suis créé d'autres... Savez-vous que j'ai onze filleuls dont je m'occupe beaucoup,

PAUL.

Ah ! mon Dieu !

JEANNE.

J'en ai même douze, mais le douzième je ne le compte pas, c'est... une erreur de ma jeunesse.

PAUL.

Une erreur de votre jeunesse?

JEANNE.

Oui, un Chinois : il y a quelques années, je faisais partie de l'œuvre de la Sainte-Enfance et on m'a demandé d'être marraine d'un jeune magot qui voulait se faire chrétien. J'ai accepté et j'ai fait une sottise : car enfin qu'est-ce que c'est qu'une marraine? C'est une seconde mère ; si on a le malheur de perdre la première, ce n'est pas trop d'en avoir une en réserve. Eh bien, si mon filleul perdait sa mère, comment voulez-vous que je m'occupe de ce petit Tsin-Tsen-Kong qui est en Chine?

PAUL.

En effet, ce ne serait pas très pratique.

JEANNE.

Mais je m'occupe beaucoup des onze filleuls que j'ai dans le pays. La semaine dernière, pour ma fête, maman m'a permis de les inviter tous à déjeuner. On avait dressé une grande table sous les tilleuls et c'est moi qui ai présidé le repas. Ça été d'un gai! C'était un bruit! ils parlaient tous à la fois.

PAUL, en souriant.

Sans compter la marraine.

JEANNE.

Ah! ça, c'est une pierre dans mon jardin... Vous me trouvez bavarde! (Paul fait un geste de protestation.) Oh! vous ne seriez pas le seul... Que voulez-vous, papa est généralement occupé dans le parc, maman est absorbée par la direction de la maison, je suis souvent seule, ce qui fait que j'ai toujours un arriéré qui déborde quand quelqu'un veut bien m'écouter.

PAUL, à part.

Pauvre petite!

JEANNE.

Est-ce drôle que maman ne rentre pas!... Il doit être quatre heures... (Elle prête l'oreille.) Oui, ils sont sonnés; entendez-vous ma filleule?

PAUL.

Non, je n'entends rien.

JEANNE.

Est-ce que vous avez l'oreille... un peu dure?

PAUL.

Mais non.

JEANNE.

Alors il n'est pas possible que vous n'entendiez pas... elle fait pourtant assez de bruit.

PAUL.

Je vous assure que je n'entends qu'une cloche.

JEANNE, riant.

Eh bien! c'est elle, c'est Thérèse. Ah! c'est que j'ai encore oublié cette filleule-là. Je suis aussi marraine de la cloche, ce qui fait treize.

PAUL.

C'est un mauvais nombre; vous n'en resterez pas là.

JEANNE.

C'est probable.

PAUL.

Votre filleule Thérèse ne doit pas vous occuper beaucoup?

JEANNE.

C'est ce qui vous trompe : d'abord c'est la plus bavarde, et elle a une foule de manières différentes d'appeler mon attention : quand elle sonne joyeusement le lever du soleil et qu'elle appelle les ouvriers au travail, elle semble dire : « Mais lève-toi donc, paresseuse; de quel droit dors-tu encore quand tout le monde est à l'ouvrage! » Alors je saute en bas du lit et je fais comme les autres.

PAUL.

Tous les matins?

JEANNE.

Oh non, souvent je fais la sourde oreille et j'étouffe sa voix et mes remords sous mon oreiller. A quatre heures du soir, quand elle sonne comme aujourd'hui le moment du repos et le goûter des moissonneurs, elle semble me dire : « Ils sont tous là, assis au pied des meules, mangeant leur pain sec pendant que tu te bourres de galette et de confitures; tu oublies donc qu'il y a des pommes tombées dans le verger; pourquoi les laisser perdre? » Quand elle sonne gaiement un baptême, elle me rappelle que les enfants du village attendent sur la place une pluie de dragées qui ne tombera peut-être pas parce que les parents sont pauvres et qu'ils comptent sur la providence.

PAUL.

Et la providence, c'est encore vous!

JEANNE.

La providence a tant à faire qu'il faut bien l'aider un peu dans ses bonnes œuvres... Mais c'est surtout quand, avec un tintement lugubre, elle pleure un habitant du pays qu'elle me crie : « Mais vas donc, il y a à quelques pas de toi une fille qui n'a plus de mère, une sœur qui regrette un frère chéri, une mère déchirée par la perte de son enfant ; et ils n'ont même pas la consolation des riches qui donnent à leurs morts de luxueuses couronnes et qui les comblent encore dans la tombe ; ils n'ont que leurs larmes à verser sur un cercueil. » Alors je tresse une couronne de buis ou de lierre et je l'égaye des fleurs de la saison. Pauvres gens, ils sont si heureux quand ils voient qu'on prend part à leur douleur! Devant une marque de sympathie, ce désespoir silencieux qui les torturait se change en un torrent de larmes qui les soulage et je pleure avec eux en bénissant ma filleule qui m'a rappelé un devoir que sans elle j'aurais sans doute oublié.

PAUL.

Et un jour, pour vous remercier de n'avoir pas été sourde à ses appels, elle tintera joyeusement pour fêter votre mariage et elle appellera sur vous les bénédictions du ciel.

JEANNE.

Je ne me marierai sans doute jamais.

PAUL.

Pourquoi cela ?

JEANNE.

Parce que je ne trouverai personne qui veuille s'associer à la vie que je mène ici. L'hiver dernier, j'ai passé un mois à Paris dans un hôtel somptueux appartenant au père d'une de mes amies; j'y ai beaucoup souffert. Ceux qui ont toujours habité les villes ne peuvent me comprendre... J'aime à ne sentir autour de moi que des heureux; et à Paris on ne peut soulager toutes les misères. Quand je rentrais dans ces salons où règne toujours une atmosphère printanière, je ne pouvais m'empêcher de penser à de pauvres enfants transis de froid que j'avais vus grelottant sous les fenêtres bien closes. Dans ces serres chaudes où les fleurs de toutes saisons narguent l'hiver, où les oiseaux frileux du Brésil se croient dans leur élément, je pensais à la plaine couverte de neige et à ceux qui attendent le printemps pour voir éclore les primevères. Pendant cette saison où Paris est en fête, la campagne est sans travail et les ouvriers souvent sans pain. Eh! bien, que deviendraient tous mes protégés si je n'étais plus là pendant l'hiver?... Et puis il y a des noms qui obligent, et Fleur de neige ne peut pas se sauver à la première gelée.

PAUL.

Fleur de neige?

JEANNE.

C'est un drôle de nom, n'est-ce pas? C'est un sobriquet qu'on me donne dans le pays.

PAUL.

C'est un fort joli nom, aussi poétique que celle qui le porte. Eh! bien, Fleur de neige, ou plutôt fleur de printemps, car vous devez être pour les malheureux comme le premier rayon de soleil qui fait oublier l'hiver, si pourtant il existait un homme qui pût vous comprendre, qui voulût s'associer à vos bonnes œuvres, qui eût assez de fortune à mettre à vos pieds pour que vous puissiez soulager toutes les misères, donner du pain à tous les affamés, des vêtements chauds aux vieillards, des layettes aux nouveau-nés, des secours à ceux qui pleurent. Un artiste qui partage vos enthousiasmes, qui ait rêvé comme vous de vivre loin des villes, dans un beau pays et de s'y faire aimer; un artiste qui vous demande de peindre à ses côtés, qui vous aide dans vos débuts et qui travaille pour qu'un jour vous soyez fière de ses succès; si cet homme existait et qu'il vous aime, lui diriez-vous encore : « Je ne me marierai jamais. »

JEANNE.

Cet homme n'existe pas. Pourquoi me bercer d'un espoir insensé?

PAUL.

Il existe. J'ai un ami... un frère... qui a fait le même rêve que vous... Pourquoi le rapprochement de ces deux rêves n'enfanterait-il pas le bonheur?... (Paul se rapproche vivement de la fenêtre.) Mais voilà sans doute Mme votre mère qui rentre; permettez-moi d'aller au-devant d'elle.

(Il sort.)

SCÈNE III.

JEANNE, seule.

(Elle s'assied et reste un moment pensive.)

Qu'est-ce que tout cela veut dire?... Jamais personne ne m'a parlé ainsi!... Est-ce que je rêve?...

UN DOMESTIQUE, entre.

Mademoiselle, Baptiste m'envoie vous dire qu'il y a des merles dans le cerisier.

JEANNE, préoccupée, avec indifférence.

Des merles!... Qu'est-ce que vous voulez que ça me fasse?

LE DOMESTIQUE.

Vous aviez recommandé à Baptiste de vous prévenir.

(Jeanne ne bouge pas.)

LE DOMESTIQUE, insistant.

Il faudrait que Mademoiselle n'attende pas trop longtemps... ils vont se sauver.

JEANNE, avec indifférence.

Eh! bien, qu'ils se sauvent.

(Le domestique sort.)

JEANNE seule.

Il a dit son ami... son frère... Ah! s'il pouvait lui ressembler!

(Mme de Réville entre.)

SCÈNE IV.

JEANNE et Mme DE RÉVILLE.

JEANNE, se levant brusquement.

Ah! te voilà, maman. As-tu rencontré l'architecte?

Mme DE RÉVILLE.

Non, je suis rentrée par la cuisine où j'avais des ordres à donner. C'est toi qui l'as reçu?

JEANNE.

Oui, maman.

Mme DE RÉVILLE.

Il devait être de fort mauvaise humeur de ne pas me trouver ici?

JEANNE.

Il ne l'a pas laissé voir.

Mme DE RÉVILLE.

Ah! c'est qu'il n'est pas aimable tous les jours.

JEANNE.

Alors je suis tombée sur un de ses bons jours, car je l'ai trouvé charmant.

Mme DE RÉVILLE.

Tu n'es pas difficile : sans tenir à la beauté, je trouve qu'il dépasse la somme de laideur qu'on tolère chez un homme, pourvu qu'il soit intelligent.

JEANNE.
Laid! Lui! Ah! non par exemple.
Mme DE RÉVILLE.
Enfin cela dépend des goûts! Si encore il rachetait son peu de charmes physiques par de la distinction!...
JEANNE, s'animant.
En vérité, nous ne serons jamais d'accord.
Mme DE RÉVILLE.
Pour une personne aussi difficile que toi, tu m'étonnes. Il n'a pu avoir à tes yeux que l'attrait du fruit défendu. Si au lieu d'être un père de famille, c'eût été un prétendant, tu lui aurais trouvé toutes les imperfections.
JEANNE.
C'est à savoir!
Mme DE RÉVILLE.
Il est vraiment malheureux que tu ne trouves bien que ceux qui ne peuvent plus se mettre sur les rangs.
JEANNE.
Je n'ai jamais dit cela de personne... c'est la première fois que je trouve quelqu'un tout à fait à mon goût.
Mme DE RÉVILLE.
C'est décidément jouer de malheur!... Mais nous ne pouvons pourtant pas faire assassiner sa femme!

JEANNE, baissant les yeux.

Il a peut-être un frère... qui lui ressemble.

Mme DE RÉVILLE.

Non, il n'a qu'une sœur.

JEANNE.

Tu en es sûre?

Mme DE RÉVILLE.

J'en suis certaine, je la connais.

JEANNE, désappointée.

Ah!... (Elle va vers la fenêtre.) Tiens, le voilà qui revient!

Mme DE RÉVILLE.

Où donc?

JEANNE.

Là, dans l'avenue.

Mme DE RÉVILLE.

Ce jeune homme? Ce n'est pas l'architecte.

JEANNE, pétrifiée

Ce n'est pas l'architecte?

Mme DE RÉVILLE.

Non, c'est le neveu de Mme Bertrand, un jeune peintre d'un grand talent qui a demandé la permission de venir prendre une vue de l'étang. Et puis j'ai pensé que, puisque tu regrettais de n'avoir aucun guide dans tes études artistiques, il pourrait te donner quelques leçons de dessin.

JEANNE, lui sautant au cou.

Ah! maman, que tu es bonne!

(Paul entre.)

SCÈNE V.

Mme DE RÉVILLE, JEANNE, PAUL *entre en saluant.*

Mme DE RÉVILLE.

Je vous demande pardon, Monsieur, de ne pas m'être trouvée là à votre arrivée.

PAUL, souriant et regardant Jeanne.

Je vous ai attendue très patiemment, je vous assure.

Mme DE RÉVILLE, riant.

C'est tout juste poli ce que vous me dites là.

PAUL.

C'est d'autant plus maladroit de ma part que j'ai deux grâces à vous demander; mon intention n'est donc pas de vous indisposer en ma faveur.

Mme DE RÉVILLE.

Quelles sont ces deux grâces?

PAUL.

En faisant le tour de l'étang, j'ai découvert un ravissant point de vue qui fera probablement le sujet de mon tableau : dans le lointain, au milieu d'un bouquet de saules, se détache une petite tourelle qui mire dans les eaux son clocheton gothique ; avec sa porte ogivale et les vestiges de sculptures qui encadrent ses fenêtres, elle rappelle ces antiques manoirs que nous envions au moyen âge. Elle est là comme un souvenir vivant du passé ; sous ces légères tiges de lierre et de vigne vierge qui égayent la pierre noircie par le temps, elle semble garder quelque mystérieuse légende. Mademoiselle m'a dit qu'il était question de l'abattre ; ce serait vraiment un meurtre, car c'est un des plus jolis points de vue de votre propriété. Je viens vous demander sa grâce.

Mme DE RÉVILLE.

Accordée, monsieur l'avocat. Et quelle est l'autre requête que vous avez à m'adresser ?

PAUL.

L'autre me concerne et on plaide mal sa propre cause : et puis il faudrait surtout pour la gagner l'éloquence du cœur et les femmes la possèdent mieux que nous. Ce sera donc ma tante qui la sollicitera pour moi... (Se tournant vers Jeanne.) Je demanderai à l'habitante de la tourelle de l'appuyer auprès de Mademoiselle.

JEANNE, baissant les yeux.

Je n'ai rien à refuser à ma vieille Claudine... Je vais lui annoncer que nous avons gagné sa cause.

PAUL, la voyant sortir.

Voulez-vous me permettre de vous accompagner?

JEANNE.

Mais certainement. Vous jouirez de sa joie, ce sera votre récompense.

PAUL.

En attendant que j'en sollicite une autre.

(Ils sortent.)

Mme DE RÉVILLE seule.
(Elle va vers la fenêtre et les regardant s'éloigner.)

Tiens, ils ne vont pas directement à la tourelle... Ah! ils prennent le chemin des écoliers... comme les amoureux!... (Revenant en scène et s'adressant au public.) Ça marche!... Ça marche!... Notre petit complot tourne à merveille... j'espère qu'il aura plein succès... tout succès appelle une récompense, ou tout au moins un encouragement; eh bien... alors... applaudissez-nous!

COLLOQUE

ENTRE

DEUX PETITS FRANÇAIS

COLLOQUE

ENTRE DEUX PETITS FRANÇAIS.

PERSONNAGES { Pierre, marseillais.
Jean, normand.

Ils entrent en gesticulant et en se querellant.

JEAN.

Je te dis que si !

PIERRE.

Je te dis que non !

JEAN.

Sont-ils blagueurs ces Marseillais !

PIERRE.

Sont-ils têtus ces Normands !

JEAN.

Oui, je suis Normand, et je m'en flatte !

PIERRE.

Il n'y a pas de quoi !... après ça, quand on descend de Charles *le Simple,* il est permis de ne pas y voir plus loin que le bout de son nez.

JEAN.

Moi, je descends de Charles le Simple!... En voilà des histoires! Gascon, va!

PIERRE.

D'abord je ne suis pas Gascon, je suis Provençal. Ça vaut toujours mieux que d'être Danois.

JEAN.

Danois?... Je ne suis pas Danois.

PIERRE.

Tu n'es pas fort en histoire de France... T'es-tu jamais demandé pourquoi tu t'appelais Normand?... Tu ne sais pas que les Normands étaient des pirates danois (comme qui dirait des voleurs de mer) qui venaient toujours piller sur les côtes, et qu'en... 911 leur chef Rollon s'est installé dans ton pays comme chez lui; si bien que le roi de France, Charles le Simple, voyant qu'il ne pourrait pas s'en débarrasser, lui donna en mariage sa fille Gisèle, ce qui fait que par ta grand'-mère, tu descends de Charles le Simple; et grâce à ton grand-père, tous ces Danois-là sont tes ancêtres, mon petit; et c'étaient des pillards, des bandits, enfin des rien du tout!

JEAN.

Possible, mais quand on est Grec, faut pas tant faire le fier!

PIERRE.

Grec?... Est-ce que je suis Grec?

JEAN.

Toujours autant que je suis Danois !... Qui est-ce qui a fondé Marseille? C'est un Grec, mon bonhomme. Tu ne te rappelles pas? Attends, je vais te rafraîchir la mémoire. 600 ans avant Jésus-Christ, ton pays était habité par les Ségobriges et gouverné par un roi nommé Nann. Un beau jour, des Phocéens débarquèrent dans ses États; ils étaient conduits par un chef qu'on appelait Euxène. Nann était hospitalier; il accueillit ces étrangers, et comme ce jour-là il donnait un grand festin pour les fiançailles de sa fille, la belle Gyptis, il invita Euxène. Tous les prétendants à la main de Gyptis étaient présents; après le repas, elle devait désigner celui qu'elle choisissait pour son époux en lui offrant une coupe. Le moment venu, la belle Gyptis se lève, et présente la coupe à Euxène. Ils en faisaient une tête, les prétendants! Le fait est que ce n'était pas très patriotique de la part de ta grand'mère.

PIERRE.

Ma grand'mère! Ma grand'mère !... Mon arrière-grand'mère... Et puis enfin qu'est-ce que tout ça prouve? Ça prouve que vous êtes des capons.

JEAN.

Des capons !

PIERRE.

Certainement : ma grand'mère a choisi son

mari, tandis que la tienne s'est mariée comme le roi l'a voulu; et pourquoi? Parce que vous aviez tous une peur bleue des pirates... Ce n'est pas nous qui nous serions laissé faire la loi comme ça! Ce n'est pas dans la Méditerranée que tous ces bandits-là auraient osé s'aventurer... ils auraient trouvé à qui parler!

JEAN.

Eh bien, est-ce que les Normands n'ont pas envahi la Camargue?... S'ils n'y sont pas restés, c'est parce qu'ils étaient empestés par vos marais infects. Puisque tu es si savant, tu dois savoir que vous en êtes à votre vingtième peste, mon pauvre ami.

PIERRE.

Enfin, ce n'est pas la peine de remonter si loin. Il faut voir ce que sont les deux pays aujourd'hui. Ça peut-il se comparer? Si on pouvait mettre à côté l'un de l'autre les Bouches-du-Rhône et le Calvados, il en ferait une triste figure ton Calvados avec son nom espagnol.

JEAN.

Pourquoi son nom espagnol?

PIERRE.

Tu ne sais pas non plus que Philippe II, roi d'Espagne, voulant conquérir l'Angleterre, avait envoyé une flotte considérable puisqu'elle comptait 135 vaisseaux; il l'avait surnommée l'invincible; mais il avait compté sans les tempêtes et les récifs qui hérissent les côtes de la Normandie. Son plus beau vaisseau qui s'appelait Calvados est venu se briser sur cette bande de rochers qui bordent ton département; et, ma foi, le nom lui en est resté.

JEAN.

Enfin ça ne l'empêche pas d'être un beau département et son chef-lieu une belle ville; sais-tu que quand la mer est haute, le flux se fait sentir jusqu'à Caen et permet aux navires de 200 tonneaux d'arriver jusqu'à la ville.

PIERRE.

Mais qu'est-ce que c'est que tout ça à côté du port de Marseille!... Il faut voir le port de Marseille! Il y a autant de navires que d'huîtres dans ton pays.

JEAN.

J'ai toujours entendu dire que le port contenait 1200 navires seulement.

PIERRE.

Mais, mon petit, rien que dans l'ancien port. Et le port de la Joliette!... Et puis, vois-tu, 1200 navires, ça danse dans le port de Marseille comme toute ta science dans le creux de ma main.

JEAN.

Enfin, vous n'avez toujours pas tant de pommes que nous; on marche sur les pommes chez nous.

PIERRE.

Ah! mon bon, on ne marche pas sur les reinettes; on marche sur les pommes à cidre, et on n'a jamais l'idée de se baisser pour en ramasser une et mordre dedans. Chez nous, la terre est jonchée d'oranges, c'est comme une pluie d'or! Et puis les figues, les melons, et du raisin sucré comme du miel! Vous ne pouvez pas non plus lutter pour les fruits.

JEAN.

Ça c'est possible. Mais les animaux? Vous n'avez toujours pas des chevaux comme les chevaux normands. Et les bœufs? Et les vaches qui paissent dans des pâturages comme vous n'en avez jamais vu : c'est vert, c'est frais, on enfonce dans le gazon jusqu'aux genoux... Chez vous, sait-on seulement ce que c'est que de l'herbe?

PIERRE.

Ah! nous en avons aussi des pâturages, mais pour ça, je reconnais que nous ne pouvons pas lutter avec vous : il est certain qu'on fait de bon beurre à Isigny et de fameux fromages à Pont-L'Évêque.

JEAN, riant.

Ah! tu connais bien Jack, ce petit valet de cour anglais que mon oncle a recueilli par charité ; l'autre jour, il prétendait que notre pont-l'évêque ne valait rien; que les fromages anglais étaient supérieurs aux nôtres (d'un air de mépris), il en avait plein la bouche de son chester. Il prétendait aussi que ses saucissons étaient meilleurs que les nôtres.

PIERRE.

Ah ben, si j'avais été là, je l'aurais joliment blagué !... Il en ferait une tête son saucisson à côté des saucissons d'Arles.

JEAN.

Tu sais comme il est vantard ! Il disait aussi que si les Anglais voulaient faire une descente chez nous, qu'ils ne feraient de nous qu'une bouchée !

PIERRE.

Une bouchée ! Eh ben, elle aurait de la peine à passer leur bouchée !... Qu'ils viennent s'y frotter !... Je te demande un peu ce qu'ils peuvent faire avec leur poignée de soldats ? Et puis, tu sais, si jamais cette folie-là les prenait, ce n'est pas seulement à vous qu'ils auraient affaire; tout le midi se lèverait comme un seul homme.

JEAN.

Oh! pour ça, j'en suis sûr.

PIERRE.

Vois-tu, mon bon, le jour où la France serait envahie, il n'y aurait plus de Gascons, il n'y aurait plus de Normands; il n'y aurait que des Français!

JEAN, d'un air crâne.

Ah mais oui!

PIERRE.

Vivent les Normands!

JEAN.

Vive la France!!

NOEL

ou

LA PREMIÈRE DÉSILLUSION

NOEL

ou

LA PREMIÈRE DÉSILLUSION.

PERSONNAGES
{
Mme Dumont.
Mme Berger, sa sœur.
Juliette, sa fille, 8 ans.
Paul, son fils, 10 ans.
}

La scène se passe chez Mme Dumont.
Le théâtre représente un salon (un paravent).

SCÈNE I.

Mme BERGER seule.
(Elle ouvre la fenêtre, y reste un instant accoudée, la referme et revient s'asseoir.)

Quelle journée splendide!... Jamais la fête de Noël n'a été favorisée par un aussi beau temps!... Aussi tout Paris est dehors.

Mme DUMONT.

(Elle est entrée pendant la dernière phrase ; elle est chargée de paquets et de cartons.)

J'en sais quelque chose : les rues sont encombrées, les magasins inabordables ! J'ai cru que je ne pourrais jamais faire mes emplettes.

Mme BERGER.

Les marchands rivalisent de luxe et d'élégance pour attirer le public par de brillants étalages.

Mme DUMONT.

On se croirait au printemps en voyant tous ces jolies arbres verts enguirlandés dont les branches plient sous le poids des joujoux.

Mme BERGER.

C'est bien une fête printanière car c'est la fête de l'enfance, ce printemps de la vie !

Mme DUMONT.

C'est aussi la fête des parents qui s'ingénient à inventer chaque année quelques surprises nouvelles... Je suis rentrée par l'escalier de service, me cachant comme un malfaiteur ; je n'ai rencontré personne et j'espère que les enfants ne m'auront pas aperçue. Mais où allons-nous cacher tout cela ?

Mme BERGER.

Dans ma chambre.

Mme DUMONT, sortant sa poupée d'un carton.

Voilà la poupée incomparable que tu offres à ta

nièce et la jolie papeterie que tu destines à ton neveu... Comme tu les gâtes, mes enfants!... (Montrant un paquet.) Le reste me regarde... (Mystérieusement et en baissant la voix). Et ce soir, quand Paul et Juliette dormiront, nous entrerons à pas de loups dans leur chambre et nous déposerons nos surprises à côté des quatre petits souliers rangés dans la cheminée.

Mme BERGER.

Es-tu jeune encore!... Cela t'amuse autant que tes enfants.

Mme DUMONT.

Certainement : cette fête me rappelle le temps où une nouvelle poupée me rendait heureuse... Mais la poupée n'était pour moi qu'une image qui me donnait un moment l'illusion de la maternité et je l'ai aimée jusqu'au jour où j'ai adoré mon premier enfant... Mais je ne devrais pas te dire tout cela, à toi, pauvre sœur, qui n'as jamais connu le bonheur d'être mère.

Mme BERGER.

Est-ce que tes enfants ne sont pas aussi un peu les miens?..... Te souviens-tu que pour mes étrennes je ne demandais jamais de poupées; je jouais avec les tiennes que j'appelais mes nièces et je les aimais parce qu'elles étaient tes filles... C'était un pressentiment : Dieu, en me privant de cette joie d'être mère a mis le baume à côté de la blessure en me donnant un cœur de tante.

Mme DUMONT.

Et tu gâtes mes enfants comme une mère.

Mme BERGER.

C'est ma consolation... Dis donc, es-tu sûre que nos cadeaux seront la réalisation de leurs rêves?

Mme DUMONT.

Je l'espère : je sais que Juliette désire vivement une poupée; quant à Paul, il est impénétrable et toute ma diplomatie a échoué devant son mutisme... il semblait même mettre une sorte d'affectation à ne rien laisser paraître de ses désirs et de ses espérances... Ah! mon Dieu, il me semble que je les entends... (Elle prête l'oreille.) Oui, les voilà! Sauvons-nous! (Elles rassemblent à la hâte les cartons et les paquets et veulent sortir). Bon la porte est fermée!

Mme BERGER.

Passons par l'autre porte.

Mme DUMONT.

Trop tard! Cachons-nous là!

(Elles se cachent derrière un paravent.)

SCÈNE II.

PAUL, JULIETTE,

(Juliette tient une poupée qu'elle considère d'un air consterné.)

JULIETTE.

Ah, ma pauvre Jacqueline!... La voilà cassée tout à fait! Elle n'avait déjà plus de jambes, un bras de moins, deux trous dans la tête; elle avait perdu un œil et l'autre vient de tomber dans son estomac.

PAUL.

Et ça ne doit pas être facile à digérer un œil! Elle va avoir une indigestion, ta fille... et je n'en serai pas fâché.

JULIETTE.

Pourquoi donc?

PAUL.

Parce qu'on t'en donnera probablement une autre et ça me changera d'avoir une nièce un peu présentable.

JULIETTE.

Ces garçons! Ça n'aime les gens que pour leur beauté!

PAUL.

Je ne peux pourtant pas l'aimer pour son esprit;

je ne lui ai jamais entendu dire que Couin Couin.
(Il imite le cri d'une poupée.)

JULIETTE, d'un air important.

Nous autres mères, nous aimons nos enfants comme ils sont.

PAUL, la contrefaisant.

Nous autres pères aussi! Mais je ne suis pas encore père. Et puis, quand j'aurai des enfants, j'espère bien qu'ils ne ressembleront pas à ta petite magote.

JULIETTE.

Ma petite magote!... Pauvre Jacqueline, comme il t'arrange! Ne l'écoute pas, va, moi je t'aime comme tu es.

PAUL.

Tu n'es pas difficile, une fille sans bras ni jambes, aveugle, pâle comme un navet et l'air maladif! Si tu consultais pour elle?

JULIETTE.

Ne te moque donc pas de moi; j'ai déjà assez de chagrin de la voir ainsi.

PAUL.

C'est pour cela que je voudrais la guérir : une petite saison au bord de la mer lui ferait peut-être du bien... Si tu n'as pas assez d'argent pour faire le voyage, je te viendrai en aide. Je veux bien faire un sacrifice pour ma nièce : j'ai 58 sous, dans ma tirelire, nous les partagerons.

JULIETTE.

Es-tu moqueur!... Enfin heureusement que c'est demain Noël et j'ai tant désiré une autre fille que petit Noël ne manquera pas de m'en apporter une... Je la voudrais blonde, avec de beaux cheveux bouclés, les yeux bleus et les mains en porcelaine.

PAUL, après un moment d'hésitation.

Juliette!... tu crois donc encore au petit Noël, toi?

JULIETTE.

Comment si j'y crois! Mais j'y crois comme au bon Dieu.

PAUL.

Eh bien, moi je n'y crois plus depuis l'année dernière... Tu penses vraiment que le petit Noël existe?

JULIETTE, sérieuse.

C'est maman qui me l'a dit... Est-ce que maman s'est jamais trompée?

PAUL.

C'est bon pour les bébés ces contes-là!... Comment veux-tu que Noël entre dans ta chambre sans que tu t'en aperçoives?... Voyons, comment donc te figures-tu ton Noël dans ta pauvre petite cervelle?

JULIETTE.

Un joli petit chérubin tout blanc et rose avec

des ailes d'ange; il vole de foyer en foyer pour déposer ses cadeaux dans les souliers des enfants sages et remonte par la cheminée.

PAUL.

Comme un ramoneur!... Je ne me figure pas un ramoneur blanc et rose!

JULIETTE.

Mais, mon ami, les anges passent partout sans salir leurs ailes. Est-ce que tu as jamais vu un ange crotté?

PAUL.

D'abord je n'ai jamais vu d'ange, ni crotté ni pas crotté... et puis, il aurait fort à faire, ton chérubin, s'il fallait dans une nuit descendre dans toutes les cheminées où on a mis des souliers? Comment veux-tu qu'il soit en même temps en France, en Angleterre, en Amérique, enfin partout où il y a des enfants?

JULIETTE.

Est-ce que le bon Dieu n'est pas partout à la fois? Quand tu étais à la campagne avec papa et que j'étais restée à Paris avec maman, est-ce que Dieu ne nous voyait pas tous les deux?

PAUL.

C'est possible... Mais... si Noël existait, il devrait être juste et il ne l'est pas.

JULIETTE.

Qu'est-ce que tu me racontes là?

PAUL.

Te souviens-tu que l'année dernière, quelques jours avant Noël, nous avons été bien méchants tous les deux : nous nous étions taquinés, même battus, et maman en avait eu beaucoup de chagrin... Je me disais qu'après cela, Noël ne se dérangerait pas pour nous et qu'il passerait devant la maison sans y entrer ou qu'il nous apporterait un bon paquet de verges... Mais le soir, en me couchant, je pensais à Pierre, le fils du savetier qui demeure en bas, et qui est un modèle de sagesse et d'obéissance; et en faisant ma prière, je demandai au petit Noël de ne pas oublier la maison où logeait au rez-de-chaussée, presque dans la cave, encore plus loin du ciel que nous, un pauvre enfant qui mangeait du pain bien noir et qui avait besoin de vêtements chauds pour l'hiver. Le lendemain matin, en m'éveillant, je vis dans mes souliers une boîte toute pleine de jolis soldats de plomb, et je remerciai Noël qui m'avait pardonné. Mais en descendant dans l'après-midi, je rencontrai Pierre avec sa blouse sale et déchirée et mordant dans un morceau de pain plus noir encore que d'ordinaire. Je lui demandai ce qu'il avait trouvé dans son sabot; les larmes lui vinrent aux yeux et il me répondit qu'il n'y avait pas de Noël pour les pauvres. Le voilà ton Noël!... On m'avait dit qu'il récompensait les enfants sages et punissait les méchants; qu'il était bon mais qu'avant tout il était juste... Elle est belle sa justice!

JULIETTE, baissant la tête.

Je n'avais jamais pensé à cela.

PAUL, d'un air important.

Parce que tu es encore trop jeune. Mais moi qui serai bientôt un homme, j'ai voulu savoir la vérité et je l'ai demandée à papa.

JULIETTE.

Et qu'est-ce qu'il t'a répondu, papa?

PAUL.

Je te conterai ça un jour... Mais il faut que j'aille finir mon devoir.

JULIETTE.

Et moi apprendre ma leçon.

(Ils sortent.)

SCÈNE III.

Mme DUMONT et Mme BERGER sortent de leur cachette.

Mme DUMONT.

Tu les as entendus... adieu nos surprises!... adieu mes joies!

Mme BERGER.

Mon Dieu, ma chérie, tu as l'air désolée! Tu devais cependant t'attendre à cela tôt ou tard. Il me semble qu'il n'y a vraiment pas là de quoi se désespérer.

Mme DUMONT.

Que veux-tu? C'est peut-être un enfantillage, mais pour moi ce n'est pas seulement la poétique légende qui fuit devant la réalité, ce n'est pas seulement le messager mystérieux apportant un présent du ciel remplacé par l'achat d'un joujou chez un marchand connu; c'est la première désillusion de mon fils, c'est son premier pas dans la vie! Il me semble qu'il s'échappe pour la première fois de mes bras et qu'à partir de ce jour il va souffrir, loi fatale que nous acceptons pour nous, mais jamais pour nos enfants.

Mme BERGER.

Ta tendresse exagère les conséquences de cette logique brutale qui prouve que ton fils a l'esprit juste et droit, et tu prends au tragique une chose toute naturelle.

Mme DUMONT

N'insiste pas, nous ne nous comprenons pas.

Mme BERGER.

C'est possible. Il faut être mère pour te comprendre et je ne suis qu'une tante.

Mme DUMONT.

J'étais si contente de leur préparer ces petites surprises, si heureuse lorsque cachée derrière les rideaux de leur chambre, j'attendais leur réveil.

pour jouir de leur étonnement, de leurs cris de joie en apercevant le joujou souhaité !

Mme BERGER.

Tu auras d'autres joies : tu jouiras de leurs progrès, de leurs succès. Ton enfant deviendra le fils dont tu seras fière.

(Paul et Juliette sont entrés pendant la dernière phrase.)

SCÈNE IV.

Les précédents, PAUL, JULIETTE.

PAUL.

Oh oui, ma mère chérie, je sais tout maintenant : je sais que c'est toi qui me ménageais toutes ces surprises, c'est toi qui oubliais mes fautes pour n'avoir qu'à me récompenser. Oh ! tu es le meilleur des petits Noëls ! Mais c'est chacun son tour : après nous avoir gâtés et aimés, tu seras gâtée et adorée par tes enfants. C'est moi maintenant qui serai ton petit Noël : tu auras ce que tu as toujours désiré : un enfant soumis, sage et travailleur. Et pour me récompenser, je ne te demanderai qu'une chose : un peu d'argent.

Mme DUMONT, avec étonnement.

De l'argent !

PAUL.

Oui, parce que, vois-tu, je n'ai plus besoin de joujoux, mais je veux être le Noël des malheureux. Je veux que le pauvre Pierre qui n'a plus de mère ne soit pas privé des joies que nous avons eues. Je veux que Noël lui apporte tout ce qui lui manque; et pour ne pas l'oublier, j'écrirai dans ma chambre en grosses lettres :

Les enfants riches sont les petits Noëls des enfants pauvres !

JULIETTE, regardant sa poupée d'un air navré.

Avec tout cela, Jacqueline n'aura pas de sœur.

PAUL.

Nous la conduirons aux bains de mer.

JULIETTE.

Les bains de mer ne lui rendront pas tout ce qui lui manque.

Mme BERGER sortant la poupée du carton.

Ne te désole pas ma chérie; Noël ne t'a pas oubliée.

(Elle lui donne la poupée.)

JULIETTE.

Oh qu'elle est jolie! (A Paul.) Tu vois bien que j'avais raison !

(Paul veut répondre, Mme Berger lui fait signe de se taire.)

Mme BERGER, au public.

Laissons-lui ses croyances; l'illusion est le reflet du bonheur!

8.

LES DEUX COUSINS

LES DEUX COUSINS.

PERSONNAGES { Madame DERVILLE.
Madame BRAMONT, veuve.
ANDRÉ, fils de Mme Derville.
MAURICE, fils de Mme Bramont.

La scène se passe dans un appartement occupé par les deux familles.
Le théâtre représente une salle d'études.
(Bibliothèque, table avec livres et cahiers.)

ACTE I.

SCÈNE I.

MAURICE entre, une serviette de collégien sous le bras, il s'assied devant la table.

Ouf!... C'est fini cette fameuse composition!... Et je n'en suis pas fâché!... Ah, je ne me suis pas foulé!... on peut dire que ç'a été vite bâclé!... Je n'ai pas fait un chef-d'œuvre, mais ça m'est égal... Quand on est sûr de ne pas avoir le prix, à quoi bon se tuer!... Quand je me serais tué, je ne l'aurais pas eu davantage : il est donné d'avance à mon cousin André... Tous les ans, à la distribution des prix, on est sûr d'entendre autant de fois qu'il y a de facultés différentes : premier prix, André Derville ! Histoire, André Derville ! Géographie, André Derville !... C'en est fastidieux !... Je crois que les professeurs ne lisent même plus ses compositions; ça devient une habitude, une formule !... Ça et le discours, c'est la même chose tous les ans !... on est si routinier dans l'Université !..... Il est convenu d'avance qu'André doit avoir tous les prix... Et je ne répondrais pas qu'il les mérite toujours !... aussi, cette année, nous allons bien voir !... Pour le prix extraordinaire qu'on décerne aujourd'hui, on a fait des conditions spéciales : on ne doit pas mettre son nom sur la composition; il faut la donner cachetée, on y colle un numéro et on ne connaîtra le nom du lauréat que quand le prix aura été décerné... Il ne pourra pas y avoir de préférence; pas d'injustice !... Tout au mérite !... Je rirais bien si André le ratait... c'est agaçant à la fin de l'entendre toujours proclamer... Et puis, si encore c'était fini ! mais le soir de la distribution, on dîne en famille et j'entends toute la soirée le même refrain : « Ce n'est pas toi qui travailles comme ton cousin ! Tu ne peux donc pas accrocher un pauvre petit accessit? Tu ne seras qu'un cancre toute ta vie, un fainéant, un fruit sec! Et patati, et patata! » Et puis on boit à la santé du lauréat, à ses succès... Ah que je comprends cet Athénien qui votait contre Aristide parce qu'il était las de l'entendre appeler le Juste!...

Si je voulais, je l'enfoncerais facilement ce pauvre André!... si je travaillais la moitié seulement de ce qu'il travaille, il n'accrocherait pas un premier prix, car ce n'est pas l'intelligence qui l'étouffe... mais c'est un piocheur!...Et moi je suis paresseux comme une couleuvre!

(Il s'étend sur un fauteuil et chante sur l'air du Sommeil dans Galathée.)

>Ah! qu'il est doux de ne rien faire
>Quand tout s'agite autour de nous;
>Que Phébus ou Phébé m'éclaire,
>Qu'il pleuve ou qu'il vente au dehors,
>Moi je dors, moi je dors, moi je dors,
>Moi... je... dors...

(André entre.)

SCÈNE II.

MAURICE, ANDRÉ.

ANDRÉ.

Ah, enfin te voilà! Je te cherche depuis que je suis rentré.

MAURICE.

Je n'ai pas bougé d'ici. Où m'as-tu cherché?

ANDRÉ.

De la cave au grenier : dans le jardin, à la gymnastique, au billard, partout!

MAURICE.

Excepté ici.

ANDRÉ, riant.

Comment aurais-je eu l'idée de te chercher dans la salle d'études?

MAURICE, avec aigreur.

Merci!... tu as toujours quelque chose d'aimable à me dire.

ANDRÉ, avec un intérêt comique.

Tu n'es pas malade?

MAURICE, sèchement.

Pourquoi malade?... Parce que je travaillais?... Non, je ne suis pas malade. Je pensais à ma composition.

ANDRÉ.

Eh bien, es-tu content de ce que tu as fait?

MAURICE, d'un air suffisant.

Mais oui, mais oui, je suis assez satisfait.

ANDRÉ.

Tant mieux... Alors tu espères un peu?

MAURICE.

Pourquoi pas?... Tu m'agaces à la fin avec tes

airs de protection..... Hein, ça te vexerait, mon petit, si je le remportais ce fameux prix!

ANDRÉ.

Moi! j'en serais enchanté... Si je suis content de mes succès, c'est surtout parce qu'ils font plaisir à ma mère; et la tienne serait si heureuse de te voir couronné!... Aussi je le souhaite autant pour toi que pour moi.

MAURICE.

C'est à savoir!

ANDRÉ, avec franchise.

Puisque je te le dis!... Mais je crains que tu ne t'abuses... Écoute, mon ami, il ne faut pas te fâcher de ce que je vais te dire, mais tu comptes trop sur ta facilité, sur ton intelligence. Ce qu'il faut avant tout, c'est le travail : si j'ai eu quelques succès, je ne les dois qu'à ma persévérance, car j'ai souvent bien du mal à apprendre, à comprendre, mais avec la volonté et le désir de réussir, on vient à bout des choses les plus difficiles.

MAURICE s'est dandiné pendant toute la tirade.

As-tu fini?

ANDRÉ, tristement.

Oui.

MAURICE.

C'est heureux, car tu n'es pas amusant avec tes sermons. (D'un ton goguenard.) Tu es encore un peu.

jeune pour ce rôle de censeur que tu prends toujours vis-à-vis de moi.

ANDRÉ.

Je t'assure, mon cher Maurice, que je n'ai jamais eu l'intention de te blesser; je t'aime trop pour cela; mais il me semble que la meilleure manière de te prouver mon affection, c'est de te dire franchement ce que je pense... Allons, faisons la paix! (Il lui tend la main, Maurice lui tourne le dos.) Tu m'en veux, Maurice?... Maurice!... Comme tu voudras!.. J'allais te demander un service, mais tu n'es sans doute pas d'humeur à me le rendre.

MAURICE, brusquement.

Qu'est-ce que c'est?

ANDRÉ.

Maman m'a chargé d'une commission pressée. Je ne serai sans doute libre qu'un peu tard. Puisque tu vas au lycée, veux-tu te charger de remettre ma composition en même temps que la tienne; je l'ai laissée dans mon pupitre.

MAURICE.

Soit!

ANDRÉ.

Je te remercie.

(Maurice sort en claquant la porte.)

SCÈNE III.

ANDRÉ, seul.

Quel caractère!... Il n'est pourtant pas méchant. C'est peut-être moi qui m'y prends mal!... Je l'ennuie et je le fâche... Je tâcherai à l'avenir de m'y prendre plus adroitement.... Ah, c'est que je serais si heureux de le voir travailler et réussir!... s'il voulait, ce serait facile! Il est intelligent... il a une mémoire prodigieuse... Enfin, ne désespérons pas!

(Il sort.)

ACTE II.

SCÈNE I.

Le théâtre représente un salon.

Mme DERVILLE, Mme BRAMONT.

(Elles sont assises et travaillent; Mme Derville se lève, regarde à la fenêtre, puis revient s'asseoir.)

Mme DERVILLE.

André n'arrive pas...... il devrait pourtant être ici.

Mme BRAMONT.

Tu ne tiens pas en place, ma pauvre sœur?

Mme DERVILLE.

C'est vrai, les minutes me semblent des siècles... mon cœur bat, mes mains tremblent, j'ai la tête en feu. Ah! l'attente est une chose bien pénible!

Mme BRAMONT.

Et encore c'est l'attente d'un bonheur à peu près certain. Que dirai-je, moi qui n'attend jamais qu'une nouvelle déception!

Mme DERVILLE.

Pauvre sœur! Je ne devrais pas te montrer mes angoisses qui renouvellent les tiennes. Mais tu es si bonne! Tu m'as toujours traitée en enfant gâtée et tu as partagé mes peines en gardant les tiennes pour toi seule. Tu vaux mieux que moi et tu méritais plus de bonheur. (Elle regarde la pendule.) Trois heures!... Il est en retard!... C'est mauvais signe!... Ah, vois-tu, s'il n'a pas ce prix, je crois que j'en pleurerai.

Mme BRAMONT.

Moi je n'ai plus de larmes : j'ai tant pleuré que la source en est, je crois, tarie, et les déceptions me trouvent résignée d'avance... On s'habitue à tout, même à souffrir, et la joie me ferait peur. Je crois qu'à force de bonheur, je retrouverais des larmes.

Mme DERVILLE.

J'admire ta résignation; je ne l'aurais jamais eue.

Mme BRAMONT.

On croit cela tant qu'on est heureux : à la première désillusion, on se révolte; à la seconde on est accablé. Et puis, peu à peu, quand il a fallu dire adieu à tous ses rêves, on se résigne et on vit dans la souffrance comme d'autres vivent dans le bonheur!... (Elle se lève.) Mais il faut souffrir longtemps pour en arriver là!

Mme DERVILLE.

Il ne faut pas désespérer : songe que, tout jeune, Maurice a été privé des conseils et des encouragements d'un père; il a peut-être trouvé en toi plus de tendresse que de fermeté. Mais il est intelligent; le jour où il voudra travailler, il arrivera plus vite que les autres.

Mme BRAMONT.

Le voudra-t-il jamais?

Mme DERVILLE.

Espérons!

Mme BRAMONT.

L'espérance!..... Ah! c'est une fleur vivace qui germe facilement dans le cœur des mères; elle a longtemps soutenu mon courage et il a fallu bien des jours de souffrance et des nuits sans sommeil pour la dessécher!... mais pourquoi t'attrister par mes douleurs? Il vaut mieux partager tes joies et tes espérances.

Mme DERVILLE.

Écoute!..... Il me semble que j'entends le pas d'André. (Elle va à la porte.) Oui, c'est sa voix... il monte l'escalier... Ah, mon Dieu, je ne respire plus!

SCÈNE II.

Les précédents, ANDRÉ *entre vivement.*

ANDRÉ, joyeux.

Victoire! Victoire!

LES DEUX COUSINS.

Mme DERVILLE, le serrant dans ses bras.

Ah, mon enfant chéri, tu me donneras donc toutes les joies!

Mme BRAMONT.

Embrasse-moi aussi, mon petit André.
(Elles l'embrassent.)

ANDRÉ, se dégageant.

Mais ne m'étouffez pas, calmez-vous, vous m'avez mal compris : ce n'est pas moi qui ai le prix.

Mme DERVILLE.

Comment, ce n'est pas toi! Mais qui donc alors?

ANDRÉ.

C'est Maurice! C'est mon cousin! Ah que je suis content!

Mme BRAMONT.

Maurice!

ANDRÉ, appuyant.

Oui! Maurice! Quand je vous le disais qu'il nous enfoncerait tous le jour où il voudrait s'en donner la peine!... Ah, quel coup de théâtre! Il fallait voir le nez que faisaient tous les concurrents! Ah! j'aurais embrassé le proviseur, le censeur, les professeurs, les pions et toute la boutique! Et ce vieux père Bobichet, tu sais, celui qui m'a fait tant de misères lorsque j'étais dans sa classe, c'est lui qui l'a couronné; à ce moment-là, je lui ai tout pardonné... Ah quelle noce nous allons faire!... Nous boirons du champagne, nous trinquerons à la santé du vainqueur. (Maurice paraît à la porte, un gros livre sous le bras et une couronne à la main.)

SCÈNE III.

Les précédents, MAURICE.

ANDRÉ.

Le voilà! Le voilà! Hein, mon petit vieux, nous as-tu assez enfoncés! Il n'y a pas à dire : battus sur toute la ligne! Maintenant il n'y en aura plus que pour toi!

Mme BRAMONT.

Ah, mon fils chéri, que je suis heureuse! Tu me fais oublier tous les chagrins de ma vie.

(Maurice baisse la tête.)

ANDRÉ.

Et il est modeste encore! Quand on l'a appelé, il baissait la tête comme s'il avait été honteux de son succès. Ah, tu peux être fier! Tu peux te vanter d'être fort car elle était rude la composition.

(Un domestique entre.)

Un monsieur demande à parler à ces dames.

Mme BRAMONT.

Je vais voir ce qu'on me veut, mais je reviens de suite. Ah, mon cher Maurice, quelle bonne journée nous allons passer! Je me sens rajeunie de dix

ans!... Mais embrasse-moi donc encore. (Elle l'embrasse, puis s'en va et de la porte lui envoie encore un baiser.)
(Elle sort avec M⁽ᵐᵉ⁾ Derville.)

SCÈNE IV.

ANDRÉ, MAURICE *se laisse tomber sur une chaise.*

ANDRÉ.

Je n'ai jamais vu un lauréat aussi lugubre. A ta place, je rirais, je sauterais, je bondirais, je ferais des folies... mais le bonheur te rend donc muet?... Ah ça, tu ne t'imagines pas que je suis jaloux de ton succès? Je t'assure qu'en entendant ton nom, j'ai été plus heureux que si j'avais entendu le mien; et quand je t'ai vu couronné par le père Bobichet, j'aurais voulu crier bien haut : c'est mon ami, c'est mon frère! Ah je t'assure qu'à ce moment là, le roi n'était pas mon cousin !

MAURICE.

Mon Dieu, que je souffre!

ANDRÉ, inquiet.

Mais qu'est-ce que tu as? Tu es tout pâle. Es-tu malade? Voyons, Maurice, qu'est-ce que tu as?

MAURICE, étouffant.

J'ai... j'ai... j'ai... que je suis un misérable! Je t'ai volé ton succès, je t'ai volé le fruit de ton travail! Je t'ai volé la joie de ta mère!

ANDRÉ.

Mais tu deviens fou!

MAURICE.

Non, je ne suis pas fou, mais je suis coupable : tiens, vois-tu, ce secret m'étouffe; il va me tuer si je ne te le dis pas; je souffrirai peut-être moins quand je ne l'aurai plus sur le cœur : en te quittant, j'étais furieux : furieux contre toi, furieux contre moi-même; j'étais fou de colère, fou de jalousie. Alors une tentation horrible s'est emparée de moi et je n'ai pu y résister : j'avais entre les mains les deux compositions; j'ai donné ton devoir comme étant le mien. Voilà ce que j'ai fait! C'est à toi ce prix et cette couronne dont je ne suis pas digne! Le voilà ce Maurice que tu aimes, que tu complimentes! Est-il assez coupable?

ANDRÉ.

Pas si haut, je t'en supplie.

MAURICE.

Mais il faut que tout le monde le sache, que tout le monde te rende justice.

ANDRÉ.

Il faut au contraire que personne ne t'entende : il est une chose à laquelle tu ne penses pas, c'est le mal que tu vas faire à ta mère. Elle est en ce moment si heureuse et si fière de toi! Veux-tu donc la tuer en lui disant la vérité?

MAURICE, avec découragement.

Mais que faire, mon Dieu?

ANDRÉ.

Écoute-moi, Maurice, il faut que ce secret reste toujours entre nous deux! Ce succès que tu m'as volé, il m'appartient; eh bien, je te le donne! Je te le donne pour que ta mère ait cette joie; et, en revanche, je ne te demande qu'une chose : travaille!... Si tu le veux, tu peux les avoir facilement ces succès que tu m'enviais; tu peux même en avoir davantage car tu as plus de facilité que moi. Nous travaillerons ensemble, nous nous aiderons mutuellement, nous marcherons tous deux dans la bonne voie et nos deux mères seront heureuses! Dis, le veux-tu.

MAURICE.

Ce que je voudrais, c'est être aussi bon, aussi généreux que toi.

(Mme Derville et Mme Bramont entrent.)

SCÈNE V.

Mme DERVILLE, Mme BRAMONT, MAURICE, ANDRÉ.

ANDRÉ.
(Il prend vivement la couronne et la présente à Mme Bramont.)

Tiens, ma tante, à toi sa première couronne.

Maintenant, tout à la joie! Nous allons chanter, danser, rire et nous embrasser!... Demain, au travail! Et l'année prochaine, nous nous partagerons les prix et les couronnes!

LA TIRELIRE

SAYNÈTE.

LA TIRELIRE

SAYNÈTE.

PERSONNAGES.
- Mathurin, vieux berger.
- Pierre, son petit-fils, 10 ans.
- Jeannette, sa petite-fille, 12 ans.
- Claude, son voisin.

Intérieur d'une maison de paysans.
(Un buffet, une table, deux chaises ; un arc et un carquois pendus au mur.)

SCÈNE I.

MATHURIN, seul.

(Il est assis devant la table et met des sous dans une tirelire, petit tonneau en faïence.)

Dix-sept, dix-huit... et dix-neuf !... Je ne peux jamais atteindre la vingtaine, et y mettre une pièce blanche. C'est-y enrageant !... Enfin, si je ne me trompe pas (il secoue sa tirelire), en v'là tout de même cinquante-deux qui ne sortiront de là dedans que pour entrer dans ma poche... voyons, est-ce bien cinquante-deux? c'est peut-être plus, c'est peut-être moins... Ce que c'est que de vieillir!... ma mémoire déménage...

(Claude entre.)

SCÈNE II.

MATHURIN, CLAUDE.

CLAUDE.
Bonjour voisin. Qué qu' tu fais là, mon vieux?
MATHURIN.
J' fais ma pelote.
CLAUDE.
Comment ta pelote.
MATHURIN.
J' vas t' conter la chose : d' puis quéque temps, j'ai une idée qui m' poursuit (baissant la voix) mais faudrait pas l' dire à la bourgeoise.
CLAUDE.
Tiens, tiens, tiens! Ce vieux père Mathurin qu'a l'air si tranquille!... Faut pas s' fier à l'eau qui dort.
MATHURIN.
Ça m' travaille depuis l'Exposition : ils m'en ont tous tant raconté qu' j'en rêve la nuit et je ne veux pas mourir sans avoir vu la tour Eiffel.

CLAUDE.

Eh ben, mon vieux, faut t' contenter : tu pars un dimanche matin par le train de six heures et tu peux être de retour pour souper, c'est ben facile.

MATHURIN.

Facile, facile! c'est pas si facile que ça parce que vois-tu, ma bourgeoise, c'est une brave femme, mais elle est un peu près regardant : tous les samedis, quand j' rapporte ma paye, elle met la main sur le magot et elle empoche tout!... Ah mais là, tout, jusqu'à mon dernier sou !

CLAUDE.

C'est donc pour ça qu'on n' te voit jamais au cabaret?

MATHURIN.

Dame, on est pauvre mais on est honnête : quand on n'a pas de quoi payer, il n'y a qu'un moyen de s'en tirer... c'est d' ne rien acheter.

CLAUDE.

C'est clair; mais alors d'où vient cet argent qui sonne dans ta tirelire?

MATHURIN.

Ah voilà : j' suis d' la société des archers de Baron; tous les dimanches, j' vas au tir, c'est ma p'tite distraction; je n' suis pas trop gauche et c'est là que j' récolte mes sous.

CLAUDE.

Je n' comprends pas.

MATHURIN.

Tu connais ben l' maire de Baron, un p'tit sec qu'a une barbiche; c'est lui qu'a organisé le tir; il est notre capitaine et c'est lui qui fait la police. Pour lors, le règlement dit que chaque flèche qui arrive dans le p'tit rond noir du milieu est payée un sou par le capitaine; et, sans m' vanter, je n'mets pas souvent à côté.

CLAUDE.

Eh ben alors, tu dois t' faire des rentes.

MATHURIN.

Oui, mais il y a un satané article qui dit que ceux qui lâcheront un gros mot, un... juron quoi, paieront un sou d'amende.

CLAUDE.

Ah diable!

MATHURIN.

Quand on met dans l' petit rond noir, ça va bien; on s'observe et on tient sa langue; mais si on rate plusieurs coups de suite, on s'agace, le gros mot est aussi vite lâché que la flèche et il arrive plus souvent à destination, c'est-à-dire à l'oreille du p'tit sec qui entendrait voler une mouche en haut du clocher... et puis, j' n'ai pas d' chance : l'autre dimanche, nous allions quitter l' tir et j'avais vingt sous dans ma poche; v'là l' gros Thomas, tu sais celui qui pèse 110 kilos, qui veut encore tirer une flèche avant d' s'en aller; j'étais derrière lui, il se recule et paf! il m'écrase le pied avec son sabot, en plein sur mon cor, l'animal... Quand on n' s'attend à rien, ça vous surprend et on n'a pas l' temps d' la réflexion; alors ça part comme une bombe : boum! sacrrrrrr... ah mais là, tout au long! Le p'tit sec dresse l'oreille et il me regarde d'un air goguenard; ça me vexe, et en fourrant la main dans mon gousset pour payer l'amende, vlà qu' ça repart!... Ils s' mettent tous à rire, à m' gouailler; alors la moutarde me monte au nez et dame, une fois reparti... J'en ai eu ce jour-là pour mes dix-sept sous.

CLAUDE.

C'est pas de veine.

MATHURIN.

Une autre fois que j'étais encore en fonds, j'avais dix-neuf sous, je r' venais tout gaillard comme un homme qui a du foin dans ses sabots; je rencontre le père Mathieu, un pauvre diable qui est aveugle : il se lamentait parce qu'il n'avait pas d' tabac, c'est sa seule distraction à c't'homme! « Si j'avais quéque sous, disait-il, je pourrais bourrer ma pipe et j' serais content; quand on n'a sur l'estomac qu'un morceau de pain sec, la pipe c'est un p'tit dessert »; et patati et patata... Moi j' serrais mes sous dans ma main et je m' disais :

« mon bonhomme, ne les lâche pas, n' te laisse pas attendrir. » Et Mathieu continuait à s'lamenter... Enfin, je n'sais pas comment ça s'est fait, mais quand je suis rentré à la maison, je n'avais plus que treize sous!

CLAUDE.

Combien te faut-il pour ton voyage?

MATHURIN.

Il me faudrait 4 francs 16 sous. Voilà vingt fois que j'fais mon compte, je n'peux pas y aller à moins.

CLAUDE.

Mais en troisième, l'aller et retour n'est que de 3 francs 14 sous.

MATHURIN.

Je l'sais ben, mais je voudrais rapporter quèque friandises aux gosses; tu sais, ma Jeannette et mon gros Pierre. Si l'grand-père revenait les mains vides, ils en feraient une tête, les p'tits!

CLAUDE.

Eh ben, où en es-tu de tes économies?

MATHURIN.

M'est avis que j'dois avoir cinquante-deux sous, ou à peu près... Si j'cassais ma tirelire pour être sûr de mon compte?

CLAUDE.

Ah je n'te conseille pas; ton argent est plus en sûreté là dedans que dans ta poche.

MATHURIN.

T'as raison... Enfin tantôt, je vas aller au tir; si j'suis en veine, j'vas peut-être avancer mes affaires.

CLAUDE.

Allons, bonne chance, mon vieux ! (Il va pour sortir.) Et surtout tiens bien ta langue ! (Il sort).

SCÈNE III.

MATHURIN, seul (il prend sa tirelire).

Voyons, où vais-je la cacher aujourd'hui ?... (Il se promène autour de la chambre.) Si la bourgeoise la trouvait, elle serait capable de mettre la main dessus... Ah, j'vas la fourrer dans la cheminée, elle n'aura pas l'idée de fouiller là-dedans. (Il déplace un paravent qui bouche la cheminée, pose sa tirelire et referme le paravent.) Maintenant, allons au tir. (Il décroche son arc et son carquois et sort.)

SCÈNE IV.

JEANNETTE.

(Elle entrebâille la porte, passe la tête et regarde à droite et à gauche.)

Il est parti... (Elle entre avec précaution et écoute.) J'entends ses sabots... Maintenant, il s'agit de trouver la tirelire; grand-père la met chaque jour dans une nouvelle cachette... mais nous sommes aussi malins que lui... (Elle cherche.) Ce pauvre grand-père, il ne se doute guère qu'il joue avec nous à cache-tampon!...(Elle cherche toujours.) L'avons-nous cherchée cette tirelire depuis le jour où nous avons surpris son secret!... Avant-hier, elle était tout en haut du buffet, ce n'est pas la peine de la chercher là... hier elle était dessous, elle ne doit pas y être aujourd'hui...

(Pierre entre sans faire de bruit).

SCÈNE V.

JEANNETTE, PIERRE (*très haut*).

Tu brûles! tu brûles!

JEANNETTE, sautant.

Ah! que tu m'as fait peur!

PIERRE.

Eh bien, l'as-tu trouvée?

JEANNETTE.

Pas encore.

PIERRE.

Il faut que je m'en mêle... (Il cherche.) Saperlotte! Elle est joliment cachée aujourd'hui...

JEANNETTE, ouvrant le buffet.

Elle est peut-être derrière les confitures... Non.

PIERRE, soulevant le paravent.

Ah, la voilà! (Il la pose sur la table.)

JEANNETTE, s'approchant de la table.

C'est moi qui commence. (Elle jette un sou dans la tirelire.) Un!

PIERRE, jetant un sou à son tour.

Deux!

JEANNETTE.

Trois!

PIERRE.

Quatre!

JEANNETTE.

Cinq!

PIERRE.

Six!

JEANNETTE.

Sept!

PIERRE.

Je te passe mon tour, je n'ai plus rien.

JEANNETTE.

Ni moi non plus!... Où en sommes-nous de nos comptes?

PIERRE.

Nous en étions à trente-neuf; trente-neuf et sept, ça fait quarante-six.

JEANNETTE.

Nous sommes encore loin de compte... J'ai pourtant joliment travaillé ce matin : j'ai fait tout le bois de Fontaines pour cueillir un petit panier de fraises que j'ai vendu quatre sous.

PIERRE.

Et moi j'ai arpenté tout le chemin des prés pour ramasser pour trois sous de crottin. Je m'étais pourtant levé de bonne heure, mais la mère Julien a été plus matinale que moi ; elle avait déjà tout raflé!... Ce qu'il faudrait savoir, c'est ce que grand-père a déjà mis dans sa tirelire... Comment faire?... (Il retourne la tirelire et la secoue.) Ça entre facilement mais ça ne veut pas sortir.

JEANNETTE.

Naturellement. Sans ça, ce ne serait pas une tirelire... Mais moi j'ai trouvé un moyen : j'ai acheté pour un sou une tirelire pareille... nous allons casser celle-là, nous comptons les sous et nous remettons tout dans l'autre.

PIERRE, pétrifié.

Il n'y a pas à dire, les filles ont quelquefois de l'esprit.

JEANNETTE.

Quelquefois!... toujours plus souvent que les garçons!

PIERRE.

C'est à savoir!... Enfin ce n'est pas le moment de se chamailler. Cassons et comptons.

JEANNETTE.

Casse-la, toi, ça t'amusera; tu as toujours aimé à détruire; moi ça me coûte.

PIERRE.

D'abord ça te coûte un sou.

JEANNETTE.

Tiens, un sou, c'est un sou! Il faut en faire des pas pour cueillir un sou de fraises.

PIERRE, jetant la tirelire sur le carreau.

Pan!... ça y est!

(Ils se baissent vivement, ramassent les sous et les posent en piles sur la table après les avoir comptés).

PIERRE.

Combien as-tu trouvé?

JEANNETTE.

Cinquante-quatre sous, et toi?

PIERRE.

Quarante-quatre.

JEANNETTE, joyeuse.

Eh bien... mais... ça fait le compte! Il y a même deux sous de trop... Va-t-il être content ce pauvre grand-père!... Remets vite les sous dans le tonneau, moi je vais ramasser les morceaux de l'autre. (Elle se baisse, puis écoute.) Écoute donc... il me semble que j'entends marcher... ah mon Dieu, si c'était grand-père! (Elle court à la porte et écoute.) Oui, c'est lui!... Mais cache donc vite cette tirelire.

PIERRE.

Non, laisse-moi faire.

(La porte s'ouvre, Mathurin paraît, Pierre laisse tomber la tirelire qui se brise).

SCÈNE VI.

Les précédents, MATHURIN.

Qu'est-ce que c'est? Qu'est-ce qu'il y a?... Ah, petits brigands, vous avez touché à ma tirelire! Ah les scélérats! Les bandits! Où sont mes sous maintenant?

PIERRE.

Ne te fâche pas, grand-père, nous allons les ramasser (Il se baisse vivement.) Allons, Jeannette, aide-moi donc.

MATHURIN.

N'allez pas me les chiper au moins!

JEANNETTE.

Ah! grand-père, sois tranquille. (A part.) Puisque nous en mettons de notre poche, ce n'est pas pour lui prendre les siens. (Ils ramassent les sous et les posent sur la table.) Voilà! tu n'as qu'à compter, grand-père, je suis sûr qu'il n'en manque pas (A part.) Il y en a même davantage.

(Jeannette et Pierre se retirent à l'écart.

MATHURIN, s'assied et compte ses sous.

C'est que je ne savais pas mon compte au juste... ils m'en ont peut-être pris les gredins! (A mesure qu'il compte, sa figure s'illumine.) Quatre francs dix-huit sous... Je dois me tromper... (Il recompte les piles.) Mais non, je ne me trompe pas... est-il possible que j'aie amassé tout ça!... J'aurais bien parié que je n'avais que cinquante-deux sous... Enfin l'essentiel, c'est que je les ai,... je les tiens et je ne les lâche plus...; et dimanche prochain, je file!... Ah quelle noce!... Maintenant, faut que j'en parle à la bourgeoise... Allons, du courage! (Il sort.)

(Les enfants reviennent sur le devant de la scène.)

SCÈNE VII.

PIERRE, JEANNETTE.

JEANNETTE.

Est-il heureux ce pauvre grand-père!

PIERRE.

Tiens, je crois bien! Moi aussi je serais content si je pouvais aller voir Paris.

JEANNETTE.

Toi, tu as le temps d'y aller; tu es jeune. Si tu n'y vas pas cette année, tu iras plus tard. Mais quand on a soixante-dix-sept ans, il ne faut pas remettre au lendemain... Qui sait, c'est peut-être la dernière joie qu'il aura !

Couplets récités ou chantés au choix.

JEANNETTE.

Qu'il est doux de faire sourire
Notre grand-papa Mathurin !
Elle est pleine sa tirelire
Grâce à mes fruits et ton crottin.
Ce bon grand-père avait envie
D'aller à l'Exposition ;
Il travailla toute sa vie
Contentons son ambition.

PIERRE.

Le travail est sur cette terre
Le seul auteur du vrai bonheur ;
Pour triompher, s'il vient la guerre,
Travaillons tous avec ardeur.
Oui ! Pour notre sainte patrie
Ne ménageons pas nos efforts ;
Ne crains plus rien, France chérie,
Nous travaillons pour être forts !

CONSPIRATIONS

COMÉDIE EN UN ACTE

CONSPIRATIONS

COMÉDIE EN UN ACTE.

PERSONNAGES
- Lucie Raveau, 12 ans.
- Marguerite, sa sœur, 10 ans.
- Emma, leur cousine, 11 ans.
- Georges Raveau, 13 ans.
- Louis, } frères d'Emma, { 12 ans.
- Paul, } { 9 ans.

La scène se passe à la campagne chez la grand'mère des enfants
Le théâtre représente une salle d'études.

SCÈNE I.

LUCIE, MARGUERITE et EMMA, *entrent ensemble.*

LUCIE.

Ainsi, mes enfants, c'est bien décidé, il n'en faut plus!

EMMA.

C'est convenu.

MARGUERITE.

Qu'est-ce qui est convenu?

LUCIE.

Comment, tu n'as pas encore compris?

MARGUERITE.

Vous ne m'avez encore rien expliqué. Comment voulez-vous que je comprenne?... Depuis deux jours, je n'entends que ça : « Il n'en faut plus! Il n'en faut plus! » Il ne faut plus... de quoi?

EMMA.

De garçons.

MARGUERITE, étonnée.

Ah!!

LUCIE.

Voyons, ma petite, est ce que tu crois que le monde en irait plus mal s'il n'y avait pas de garçons?

MARGUERITE.

Je ne sais pas moi.

EMMA.

Tu ne sais pas parce que tu es encore trop jeune pour juger cela. Mais enfin il faut raisonner : est-ce que les femmes ne sont pas capables de cultiver la terre, de faire du pain, d'élever des bestiaux et des volailles, enfin de se suffire à elles-mêmes?

MARGUERITE.

C'est vrai, mais... les députés?

LUCIE.

Ah oui, parlons-en des députés! Papa disait

encore hier qu'ils n'étaient bons qu'à embrouiller les affaires.

MARGUERITE.

Eh bien... et les militaires?

LUCIE.

Est-ce que Jeanne d'Arc n'a pas été militaire? S'il n'y avait pas de garçons, toutes les femmes seraient des Jeanne d'Arc. Et une armée de Jeanne d'Arc, ah, mes enfants, quelle armée! L'Europe serait demain en capilotade. Il n'y aurait bientôt plus sur terre que des Français.

MARGUERITE.

Et les médecins? les savants?

EMMA.

Est-ce qu'aujourd'hui les femmes ne sont pas tout cela? Les jeunes filles passent leur bachot sans travailler parce qu'elles ont la tête beaucoup mieux organisée que les jeunes gens.

MARGUERITE.

Ah! j'avais toujours cru le contraire... Mais quand toutes les femmes seront militaires, médecins, pharmaciens, dentistes, qu'est-ce qu'on fera de tous les garçons?

LUCIE.

Ils nous serviront, ma chère : ils seront cuisiniers, valets de chambre, bonnes d'enfants, nourrices.

EMMA, riant.

Ah non, pas nourrices!

LUCIE.

Ah bast! Ils élèveront nos enfants au biberon. (A Marguerite.) Eh bien, tu as l'air pétrifiée! Tu ne comprends donc pas qu'ils ne servent qu'à nous taquiner.

EMMA.

A se moquer de nous.

LUCIE.

A nous imposer leurs volontés.

EMMA.

A nous traiter comme des bébés et à se donner des airs d'importance.

LUCIE.

On dirait que rien ne peut marcher sans eux.

EMMA.

Et ils prétendent que les femmes ne sont bonnes qu'à commander le dîner, et à raccommoder leurs chaussettes.

LUCIE.

Et on entend dire ça à des gamins qui ne portent seulement pas de chaussettes, qui mettent encore des bas comme les petites filles. Ça fait pitié!

EMMA.

Ils nous regardent comme des êtres inférieurs et nous traitent comme des esclaves; nous en avons assez à la fin et nous nous révoltons. Il faut leur montrer que nous pouvons bien nous passer d'eux.

LUCIE, à Marguerite.

Tu sais que c'est dans quinze jours la fête de grand'mère ; tous les ans nous lui faisons une surprise. Eh bien, cette année nous allons jouer une grande comédie ; mais toutes seules, sans les garçons.

MARGUERITE.

Ah ! Combien y a-t-il de personnages ?

LUCIE.

Cinq. Ça s'appelle : le Vœu du Soldat !... Il y a le soldat, la mère du soldat, sa sœur, sa fiancée et une gardeuse de dindons.

MARGUERITE.

Est-ce que je jouerai, moi ?

EMMA.

Certainement. Tu feras la gardeuse de dindons.

MARGUERITE.

Ah !... Et qu'est-ce qui fera le soldat ?

LUCIE.

C'est Emma.

EMMA.

Ça ne m'amuse guère, mais puisque nous n'avons pas d'hommes, il le faut bien.

LUCIE.

Vont-ils être assez vexés quand ils sauront que nous ne voulons pas d'eux!

EMMA.

Ils ne pourront rien organiser sans nous. Ils vont se trouver dans un de ces embarras!

MARGUERITE.

Ils sont capables de venir se jeter à nos genoux.

LUCIE.

Qu'ils y viennent! Nous leur dirons : Non! Non! Mille fois non! Nous en avons assez d'être menées, bousculées, martyrisées!

MARGUERITE.

Cependant s'ils nous promettaient d'être bien gentils?

EMMA.

Non, pas de faiblesse! Il faut leur donner une bonne leçon ; ça les fera réfléchir.

MARGUERITE.

Ou bien ça les mettra en colère et ils nous battront.

LUCIE.

Nous battre! Eh bien, nous nous défendrons! Si tu crois que je ne suis pas aussi brave qu'eux! (Se redressant.) Ils ne me feraient pas reculer d'un pas! (Elle écoute.) Ah, il me semble que je les entends, sauvons-nous!

MARGUERITE, un peu railleuse.

Tiens, je croyais qu'ils ne te faisaient pas peur?

LUCIE.

Je n'ai pas peur d'eux, mais j'aime autant ne pas leur faire part moi-même de nos projets. Tiens, Marguerite, c'est toi qui vas leur dire leur fait.

MARGUERITE.

En voilà une commission agréable! Fais-la toi-même, moi, je m'en vais.

EMMA.

Et moi aussi.

LUCIE.

Ma foi, je ne reste pas non plus!

(Emma et Lucie se sauvent.)

(Marguerite les suit, mais avant de sortir, elle se retourne vers le public.)

Elle est jolie l'armée des Jeanne d'Arc!

(Elle sort.)

(Par une autre porte entrent Georges, Louis et Paul.)

SCÈNE II.

GEORGES, LOUIS, PAUL.

GEORGES.

Ainsi nous agissons sans elles! Il est bien convenu que nous rayons de notre programme ces petites péronnelles qui ne servent qu'à nous encombrer.

LOUIS.

A nous étourdir de leurs bavardages.

GEORGES.

Quand elles sont là, on ne peut pas placer un mot.

PAUL.

Nous serons sûrs au moins que la mèche ne sera pas éventée avant la fête de grand'mère. Nous, nous savons tenir nos langues.

GEORGES.

Et puis, avec ces petites mijaurées, il n'y a pas de répétitions possibles ; elles ne sont occupées qu'à faire des mines devant la glace ou à regarder si la queue de leur robe traîne.

LOUIS.

Elles sont si fières de faire les demoiselles et de porter des robes longues !

PAUL.

Des nabottes de douze ans !

LOUIS.

Peut-on attacher de l'importance à des niaiseries pareilles ! (A Georges.) As-tu fini ton programme ?

GEORGES, tirant un papier de sa poche.

Voilà !... Et illustré encore ! (Il le déplie et lit.)

Grand divertissement pour la fête de Mme Raveau.

A 8 heures, Comédie en un acte.

A 9 heures, Séance de prestidigitation.

A 10 heures, Feu d'artifices.

Je passe les détails.

LOUIS et PAUL.

Bravo! Bravo!

LOUIS.

Eh bien décidément, quelle pièce choisissons-nous : est-ce le Vœu du Soldat ou la Grammaire de Labiche?

GEORGES.

J'aurais préféré le Vœu du Soldat; c'est beau, c'est patriotique! Mais il y a quatre rôles de femmes tandis que dans la Grammaire, il n'y en a qu'un.

LOUIS.

Et qui est-ce qui le fera ce rôle?

GEORGES.

C'est toi.

LOUIS.

Ah non, par exemple, je ne m'habillerai pas en femme.

PAUL.

Ni moi non plus!... Ma foi, je me sauve, qu'ils s'arrangent! (Il sort.)

GEORGES.

Il faut pourtant que quelqu'un se dévoue.

LOUIS.

C'est possible, mais ce ne sera pas moi. Je veux faire le rôle de Poitrinas.

GEORGES.

Tu ne vas pas faire manquer notre comédie !

LOUIS.

Comment veux-tu que je prenne des petits airs modestes comme Mlle Blanche Caboussat?... Me vois-tu disant (il prend une petite voix flûtée) : « Papa ne m'en a pas encore parlé; est-ce que M. Poitrinas viendrait demander ma main pour M. Edmond? » Non, vraiment, je serais grotesque.

GEORGES.

Comment ferons-nous si tu ne veux pas te charger de ce rôle?

LOUIS.

Eh bien, prends-le toi. Tu as tout à fait le physique de l'emploi.

GEORGES, vexé.

Comment le physique de l'emploi?

LOUIS.

Certainement, avec ton petit air innocent et ton menton sans barbe.

GEORGES.

Je crois que tes moustaches ne te gênent pas beaucoup non plus.

LOUIS.

Non. Mais je n'ai pas comme toi un minois chiffonné.

GEORGES.

Chiffonné?

LOUIS.

Oui, enfin tu as encore l'air d'un enfant. (Paul entre.)

GEORGES.

Est-ce que tu te figures que tu as l'air d'un homme. Comme on se fait des illusions!... Mais regarde-toi donc, marmouset.

LOUIS.

Je me connais bien, je n'ai pas besoin de me regarder.

PAUL.

Si vous commencez à vous chamailler, nous n'en sortirons jamais.

LOUIS.

Voyez-vous ce petit moucheron qui nous donne des conseils.

PAUL.

On a souvent besoin d'un plus petit que soi!

GEORGES.

As-tu fini avec tes airs solennels!... Tiens, si tu veux te rendre bon à quelque chose, va trouver Lucie ou Emma... ou Marguerite, peu importe! Et préviens-les que nous n'avons pas besoin d'elles et que nous faisons nos affaires tout seuls. Moi, je vais apprendre mon rôle.

LOUIS.

Et moi, je vais tâcher de trouver une personne de bonne volonté pour représenter Mlle Blanche Caboussat.

(Georges et Louis sortent.)

SCÈNE III.

PAUL seul, puis MARGUERITE.

Ils me réservent toutes les corvées... Comment vais-je annoncer cela à ces demoiselles!... Si encore, je pouvais voir Marguerite la première!... avec elle, je serais plus à mon aise...

MARGUERITE, entr'ouvrant la porte.

Tu es seul?

PAUL.

Oui.

MARGUERITE.

Je te cherchais.

PAUL.

Ah!... Moi aussi.

MARGUERITE.

J'ai à te parler.

PAUL.

Moi aussi.

MARGUERITE.

Eh bien, parle.

PAUL.

Parle d'abord, je t'écoute.

MARGUERITE.

Tu sais que c'est bientôt la fête de grand'mère.

PAUL.

Oui, je le sais : c'est justement à ce sujet que je voulais te parler.

MARGUERITE.

Nous avons l'intention, comme tous les ans, de faire une surprise à grand'mère. Seulement... cette année... nous avons décidé que nous ferions... deux camps.

PAUL.

Tiens, c'est comme nous.

MARGUERITE.

Oui, les garçons d'un côté, les filles de l'autre... Quand je dis que nous avons décidé, ce sont les grandes qui ont comploté ça toutes seules parce que moi, on ne m'a pas consultée.

PAUL.

Ni moi non plus. Si on m'avait demandé mon avis, je n'aurais pas voté pour la scission, comme ils appellent ça, parce que, sous prétexte que je suis le plus jeune, ils vont me faire marcher comme un toton et je n'aurai personne pour me défendre.

MARGUERITE.

C'est absolument comme moi. Quand nous sommes tous les deux, nous nous soutenons mutuellement ; mais ces demoiselles me traitent comme un bébé ; et si je me plains, elles m'envoient promener. Croirais-tu qu'elles m'ont donné le rôle d'une gardeuse de dindons... je suis tout le temps aux champs avec mes bêtes... je ne parais qu'une fois en scène.

PAUL.

Je ne suis pas non plus trop content de mon rôle... Dis donc, Marguerite, si nous faisions aussi notre petit complot ? Tu planteras là les grandes, moi je dirai zut aux garçons ; nous nous liguerons ensemble et nous ferons notre petite fête tout seuls. Veux-tu, dis ?

MARGUERITE.

Ce serait très gentil ; mais vois-tu, mon Paul, je crois qu'il vaudrait mieux tâcher de se réconcilier et agir tous réunis.

PAUL.

Tu crois ?

MARGUERITE.

J'en suis sûre : d'abord ça ferait beaucoup de peine à grand'mère de nous voir brouillés les uns avec les autres ; et puisque c'est pour lui faire plaisir que nous faisons cela, ce n'est pas le cas de lui causer du chagrin... Et puis, séparément, nous ne ferons jamais une aussi belle fête que si nous nous unissons.

PAUL.

Tu as peut-être raison, mais comment faire?

MARGUERITE.

Il faut d'abord que tu me donnes le programme de votre fête.

PAUL.

C'est qu'on m'a défendu de te le montrer et j'ai promis.

MARGUERITE.

Eh bien... ne me le montre pas... mais dis-moi ce qu'il y a dedans. Pour moi, ça reviendra au même et tu ne manqueras pas à ta promesse.

PAUL.

Il y a... (baissant la voix) une comédie, une séance de prestidigitation et un feu d'artifices.

MARGUERITE.

Un feu d'artifices! Ah que ce sera beau!... Nous, nous n'avons pas tant de choses... nous n'avons qu'une comédie, mais une comédie superbe!

PAUL.

Ah! Qu'est-ce que c'est?

MARGUERITE.

Le Vœu du Soldat!... Lucie et Emma exécuteront comme ouverture une marche guerrière : c'est pour le départ de l'armée!... Et puis, la toile se lève et le soldat vient faire ses adieux à sa mère et à sa fiancée... Ah, c'est très touchant ! Ça va faire pleurer tout le monde.

PAUL.

Nous avions pensé à jouer cette pièce-là, mais il y a quatre rôles de femmes et dame... dans notre troupe... les femmes ne pleuvent pas.

MARGUERITE.

Nous voulions faire défiler des soldats pendant la marche, mais notre théâtre manque de garçons !... Enfin, mon Paul, si tu veux suivre mes conseils, je suis sûre que ce soir nous aurons mis tout le monde d'accord.

PAUL.

Ah ! ce ne sera pas facile : Georges et Louis sont très montés contre Lucie et Emma et nous aurons de la peine à les calmer.

MARGUERITE.

Écoute-moi bien : tu vas leur raconter des merveilles de notre comédie : dis-leur que nous avons des décors superbes et des costumes tout à fait réussis. Qu'au troisième acte, il y a un tableau saisissant : on ramène le soldat en triomphe parce qu'il a sauvé le drapeau français. Dis-leur aussi qu'à la fin du second acte, on entend le canon et on voit au loin les lueurs de l'incendie.

PAUL.

Le canon! L'incendie! Comment faites-vous pour imiter tout cela?

MARGUERITE.

C'est le jardinier qui se charge de tout!... Enfin ce sera un triomphe!... Raconte-leur tout cela, mets-en même un peu plus qu'il n'y en a, ça ne fait rien puisque c'est pour la bonne cause, pour la réconciliation.

PAUL.

Sois tranquille, je vais les blaguer.

MARGUERITE.

Moi, je me charge de ces demoiselles : je vais faire briller à leurs yeux votre feu d'artifices; elles ne verront plus que trente-six chandelles!

PAUL.

Je cours au jardin retrouver Georges et Louis. A tout à l'heure!

MARGUERITE.

Bonne chance!

(Paul sort.)

SCÈNE IV.

MARGUERITE, seule, puis LUCIE et EMMA.

MARGUERITE.

Ah, nous réussirons!... (Elle s'assied.) C'est amusant de conspirer!... et de l'emporter sur ceux qui se croient plus forts que vous!... Sans faire grand bruit, nous amènerons tout doucement les grands qui nous traitent comme des mioches à faire ce que nous voulons... Mais il faut y mettre de l'adresse, de la politique... Lucie a raison, nous ferions peut-être de très bons députés! (Elle se baisse et ramasse un papier plié.) Qu'est-ce que c'est que ça?... Tiens, c'est un programme que Paul aura perdu. (Elle lit moitié haut, moitié bas)... une pluie de roses... un bouquet... feux de Bengale... Ah me voilà renseignée, je vais pouvoir plaider ma cause... (Lucie et Emma entrent.)

LUCIE.

Eh bien, Margot, quelles nouvelles apportez?

MARGUERITE.

Aux nouvelles que j'apporte vos beaux yeux vont pleurer.

EMMA.

Ah! mon Dieu, est-ce que Monsieur Malborough est mort?

MARGUERITE.

Si ce n'était que ça! Mais je crains que notre petite fête ne soit éclipsée par celle des garçons.

LUCIE.

Ce n'est pas possible! Est-ce que tu es au courant de leurs projets?

MARGUERITE.

D'abord, leur projet et de nous planter là! Ils ne veulent pas plus de nous que nous ne voulons d'eux.

EMMA.

Eh bien, tant mieux.

MARGUERITE.

Ils comptent jouer une comédie.

LUCIE.

Eh bien, nous aussi.

MARGUERITE.

Oui, mais ensuite il y a grande séance de prestidigitation.

EMMA.

Ah!

MARGUERITE.

Ils changent des pigeons en canards et des serins en poissons rouges.

LUCIE.

Ah ça, c'est très fort!

MARGUERITE.

Ce sera comme chez Robert Houdin : de plus beau en plus beau et de plus fort en plus fort. Pour finir, une pluie de roses sortira d'un tout petit chapeau et retombera sur les spectateurs. Une fée s'avancera vers grand'mère et lui offrira un bouquet.

EMMA.

Une fée?

MARGUERITE.

Oui, une poupée mécanique qui marche toute seule.

LUCIE.

Nous sommes enfoncées!

MARGUERITE.

Ce n'est pas tout; vous ne connaissez que la moitié du programme. La fête se terminera par un feu d'artifices comme on n'en a jamais vu : un déluge de feu!

EMMA.

Ah! mon Dieu, nous n'y avions pas pensé.

MARGUERITE.

Des feux de Bengale illumineront les massifs qui entourent le château. Notre incendie aura l'air d'un lampion à côté de cet embrasement général.

LUCIE.

C'est à craindre.

MARGUERITE.

Et puis, quand la dernière fusée s'élèvera dans les airs, le nom de grand'mère apparaîtra en lettres lumineuses.

EMMA.

Ah que ce sera joli!... Ils vont avoir plus de succès que nous... Notre pauvre petite fête n'aura plus l'air de rien du tout à côté de toutes ces beautés. Ah que c'est enrageant!

LUCIE.

C'est à en pleurer!

EMMA.

Eh bien, si nous faisions aussi un feu d'artifices?

MARGUERITE.

Oui, mais qui est-ce qui le tirera?

LUCIE.

Oh, ce ne sera pas moi.

MARGUERITE.

Ni moi non plus : je me bouche les oreilles quand j'entends des coups de fusil; ce n'est pas pour faire moi-même partir des pétards.

EMMA.

Moi je n'y entends absolument rien et je risquerais de m'éborgner ou de blesser quelqu'un.

LUCIE.

Alors il faut y renoncer.

EMMA.

Une idée : (à Marguerite) Tu es bien avec Paul, vous êtes, n'est-ce pas, très bons camarades? Si tu lui demandais de nous prêter son aide?

MARGUERITE, à part.

Nous y voilà! (A Emma.) Oh non, après les avoir mis de côté, je n'irai pas maintenant leur faire des avances. Il faut avoir un peu de dignité!...

(A Lucie.) Demande-le à Paul, toi; il n'osera pas te refuser.

LUCIE.

Merci! je n'ai pas envie d'aller supplier ce bambin!

MARGUERITE.

Eh bien alors, parles-en à Georges.

LUCIE.

Il m'enverra promener.

EMMA.

Après tout, qui ne risque rien n'a rien! Et puis il faut à tout prix sortir de ce pétrin... nous ne pouvons pourtant pas nous laisser éclipser par ces gamins!

MARGUERITE.

Ah dame, mes enfants, il faut vous attendre à un de ces fiasco!

EMMA.

Tu n'es pas consolante, toi!

MARGUERITE.

A quoi bon se faire des illusions! Nous sommes battues, nous sommes battues.

EMMA, avec résolution.

Eh bien non! Je me dévoue, je piétine sur ma dignité et je vais aller trouver Georges.

LUCIE.

Tu n'es pas fière!

MARGUERITE.

Emma a raison : si chacun voulait y mettre un peu du sien, nous finirions peut-être par nous entendre.

LUCIE, écoutant.

J'entends l'ennemi.

MARGUERITE.

Tu cherches la conciliation et tu les traites en ennemis.

EMMA.

Charge-toi de la négociation puisque tu t'y entends si bien.

MARGUERITE.

Ma foi non : vous m'avez déjà fait faire une corvée, j'en ai assez.

EMMA.

Eh bien alors, je vais à la recherche de Paul.
(Elle sort, Lucie la suit.)

SCÈNE V.

MARGUERITE, puis PAUL.

MARGUERITE.

Elles ont fait la boulette, il est bien juste qu'elles l'avalent!... Après tout, elle n'est pas empoisonnée, ça ne les tuera pas.

PAUL, entre, triomphant.

Victoire! Victoire! Ils ne rêvent plus que d'avoir une ouverture pour leur comédie; et comme ils ne jouent du piano ni l'un ni l'autre, ils sont décidés à mettre les pouces et à consentir à un arrangement.

MARGUERITE.

Je savais bien que nous finirions par l'emporter : le feu d'artifice a ébloui ces demoiselles, mais elles n'osent pas le tirer elles-mêmes et elles sont toutes disposées à solliciter votre concours.

PAUL.

Georges et Louis m'avaient demandé de faire une démarche auprès de vous mais j'ai refusé et c'est Georges qui doit s'en charger. (Il écoute.) Tiens, je l'entends, sauvons-nous.

MARGUERITE.

Je vais prévenir Emma qu'elle le trouvera ici. Je crois qu'elle le cherche.

(Ils sortent, Georges entre.)

SCÈNE VI.

GEORGES, seul, puis EMMA.

GEORGES.

Pour embêté, je suis embêté!... Ils m'ont chargé là d'une commission dont je me serais bien passé... Voyons, à laquelle de ces petites péronnelles vais-je adresser ma requête?... A Lucie?... Elle est moqueuse, ma chère sœur, elle va me blaguer!... J'aime mieux en parler d'abord à Emma... au fond, elle est bonne fille... et puis, elle a un vrai talent de pianiste!... Je vais la flatter... les compliments, ça fait toujours plaisir... Si pourtant elle allait me refuser!... Ça, ce serait vexant!... humiliant même!... Oh, il faut absolument que je réussisse. (Il écoute.) Il me semble que je l'entends... oui, elle chante. C'est une chance qui me tombe du ciel; ce sera une entrée en matières.

EMMA entre en chantant : Ah! Ah!

Ah! Que tu m'as fait peur!

GEORGES.

Je suis donc bien laid!

EMMA.

Non, mais je ne m'attendais pas à te trouver ici.

GEORGES.

Moi, je n'ai pas été surpris car, avant de te voir, je t'entendais; c'était un plaisir qui en annonçait un autre.

EMMA, riant.

Ah mon Dieu, comme tu es aimable aujourd'hui!... Serais-tu malade, mon pauvre cousin?

GEORGES.

Pourquoi malade? Parce que je suis aimable! Non, ma chère cousine, je me porte à merveille. (A part.) Il faut avaler ses épigrammes.

EMMA.

Mais tu me disais encore hier que mes roulades feraient fuir toute une meute.

GEORGES, à part.

Elle me blague! Avalons! avalons! (A Emma.) Je plaisantais : on ne se permet ça qu'avec des gens d'esprit qui comprennent la plaisanterie et qui savent y répondre.

EMMA, à part.

Je croyais le trouver comme un crin... est-ce qu'il aurait besoin de nous! (A Georges.) Mon cher, je n'ai pas le temps de flâner, car j'ai de la besogne par-dessus la tête.

GEORGES.

A quel propos?

EMMA.

J'ai une grande marche guerrière à apprendre; c'est une véritable pluie de notes, un déluge, un tour de force d'un bout à l'autre! Et comme je veux que ce soit enlevé, je pioche ferme.

GEORGES.

Est-ce que nous aurons bientôt le plaisir de l'entendre?

EMMA.

Oui, dans quelques jours.

GEORGES, à part.

Mettons les pieds dans le plat. (A Emma.) Peut-être le jour de la fête de grand'mère?

EMMA.

Justement; c'est une des parties de notre programme.

GEORGES.

Est-ce que votre programme est très chargé?

EMMA, avec importance.

Mais oui, mais oui!

GEORGES.

Nous avions pensé aussi à jouer une ouverture, malheureusement nous ne sommes pas très musiciens; nous tapotons agréablement, mais c'est tout.

EMMA, railleuse.

Agréablement!

GEORGES, d'un ton dégagé.

Alors, faute de piano qui ne sert après tout que d'accompagnement, nous exécuterons une symphonie burlesque avec mirlitons et trompettes.

EMMA.

Ah! (A part.) Notre ouverture va pâlir... Mais c'est peut-être un piège qu'il me tend.

GEORGES.

Qu'est-ce que tu dis?

EMMA.

Je ne dis rien. J'applaudis d'avance.

GEORGES.

Seulement... nous sommes un peu embarrassés... nous aurons peut-être de la peine à marcher en mesure sans être dirigés par un musicien... ou une musicienne... consommée.

EMMA, à part.

Nous y voilà ! A mon tour. (A Georges.) Oui, on a parfois des projets qui échouent devant une petite difficulté qui n'est rien... et qui est tout... (A part.) Je patauge, je m'embourbe de plus en plus.

GEORGES.

Alors... nous avions pensé... à t'adresser une requête...

EMMA, à part.

Prenons les devants. (A Georges.) Figure-toi, mon ami, que nous nous étions mis en tête de tirer aussi un feu d'artifices.

GEORGES.

Ah bah !

EMMA.

Oui. Seulement tu sais que les femmes ne sont pas très braves : un éclair, un roulement de tonnerre, une détonation les terrifient... Ce n'est pas comme vous autres hommes, qui ne craignez rien !... Et il nous aurait fallu un garçon intelligent et crâne pour... mettre le feu aux poudres.

Alors... j'avais pensé à toi... et j'espérais que tu voudrais bien nous donner un petit coup de mains.

GEORGES.

Mon Dieu, je ne dis pas non.

EMMA.

Je savais bien que tu étais le plus aimable des cousins. (D'un ton très aimable.) Est-ce que tu n'avais pas aussi une petite requête à m'adresser?

GEORGES.

Je voulais te demander si tu consentirais à accompagner notre symphonie; avec un chef d'orchestre comme toi, nous serions sûrs du succès.

EMMA.

Je suis à votre disposition.

LOUIS, entr'ouvre la porte.

Peut-on entrer?

GEORGES.

Oui, mon ami. Nous sommes d'accord et tout va marcher comme sur des roulettes. Emma consent à tenir le piano.

LOUIS.

Si elle voulait prendre aussi le rôle de Blanche Caboussat.

EMMA.

Ah ça, mon cher, c'est impossible. Je fais le dragon dans le Vœu du Soldat, je ne peux pas me charger de deux rôles.

LOUIS.

Eh bien, si nous changions!... Tu feras Blanche Caboussat et moi j'endosse l'uniforme.

EMMA.

Ah, je ne demande pas mieux.

GEORGES.

Allons, c'est parfait! Le tout est de s'entendre!
(Lucie, Marguerite et Paul entrent.)

SCÈNE VII.

GEORGES, LOUIS, PAUL, LUCIE, EMMA, MARGUERITE.

GEORGES.

Arrivez! Arrivez donc! Tout est changé!

LUCIE.

Qu'est-ce qu'il y a de changé?

GEORGES.

Toute la fête!... Oui mes enfants, ouvrez vos oreilles; vous allez entendre une seconde édition de notre programme, revue, corrigée et considérablement augmentée.

Apprenez d'abord que les deux camps n'en forment plus qu'un et que nous agissons comme un seul homme.

LUCIE.

Ou comme une seule femme!

GEORGES.

Enfin, peu importe! Nous apportons tous notre concours et nous nous complétons mutuellement pour former un ensemble parfait.

PROGRAMME DE LA FÊTE.

1re *partie*. — Comédie en 1 acte interprétée par les premiers acteurs de la troupe. Mademoiselle Emma débute dans le rôle de la jeune première.

Grand drame en 3 actes et 6 tableaux.

Ouverture enlevée par une pianiste de premier ordre. Décors de Messieurs Georges Raveau et Louis Belval. Au dernier tableau, l'armée défile au son d'une marche guerrière pendant que la salle croule sous les applaudissements et les trépignements du public.

2e *partie*. — Séance de prestidigitation à l'instar de Robert-Houdin. On escamote les porte-monnaie, mais la fête se passant en famille, on les rend vides à leurs propriétaires ; ce sont les petits profits des artistes. Des tours d'adresse incomparables font diversion à ce petit larcin et excitent l'admiration des spectateurs. L'enthousiasme est à son comble lorsqu'à un signal donné, les fenêtres du salon s'ouvrent sur l'embrasement général du parc : les fusées éclatent de toutes parts et des feux de bengale illuminent les massifs de toutes les couleurs de l'arc-en-ciel.

A 10 heures sonnant, le bouquet s'élève dans les airs en gerbes de flamme et retombe en pluie d'or et de diamants sur la pelouse, ne laissant briller qu'une large banderole sur laquelle on lira en lettres lumineuses :

L'UNION FAIT LA FORCE !

TOUS.

Bravo ! Bravo !

GEORGES.

La main aux dames ! (Il offre son bras à Emma.)

LOUIS, offrant son bras à Lucie.

Ma cousine !

(Ils sortent. Paul et Marguerite sortent les derniers en se tenant par la main. Avant de sortir, Marguerite se retourne vers le public.)

Il me semble que nous n'avons pas trop mal manœuvré !

L'OUVERTURE DE LA CHASSE

COLLOQUE

L'OUVERTURE DE LA CHASSE.

COLLOQUE.

PERSONNAGES. { Gaston, en chasseur, le fusil sur l'épaule.
François, petit paysan, porte-carnier.

La scène se passe en plein air.

(Gaston entre en regardant à droite et à gauche, il semble chercher quelqu'un.) Allons bon, me voilà encore sans porte-carnier ! (Il appelle.) François ! François !... Où est-il encore fourré ce gamin-là ?... Tout à l'heure, nous traversions un chaume, côte à côte... je m'assieds un moment au pied d'un peuplier isolé au milieu de cette grande plaine... tout à coup, mon François disparaît comme par enchantement... je le cherche des yeux, je l'appelle, personne !... Enfin, las d'attendre, j'allais filer sans lui lorsque j'entends au-dessus de ma tête un rire étouffé... je lève le nez et j'aperçois mon gars perché dans l'arbre. Je lui crie : « Eh bien, qu'est-ce que tu fais là haut ?

— Eh ben, je vous guette; quand vous voudrez repartir, vous n'avez qu'à me siffler, je vous suis. »

Enfin cette fois il n'y a pas de peuplier, pas de trou où il ait pu se blottir, où peut-il être?... François! François!... Ah il faut y renoncer!... (Il s'assied d'un air découragé.) Je n'ai vraiment pas de chance aujourd'hui!... Pas une pièce!... Pour un jour d'ouverture, c'est vexant! Ah si, j'ai tué une alouette... (Il tire une alouette de sa poche.) Brûler trente cartouches pour tuer ça !... Elle me revient cher, mon alouette!... (Il écoute.)

Il me semble que j'entends des perdreaux rappeler dans la luzerne... je me remettrais bien en route si je savais où trouver ce maudit garnement... il est capable de m'avoir planté là!...

(François arrive en se dandinant et en croquant une pomme).

GASTON.

Enfin, te voilà?

FRANÇOIS, avec calme.

Eh ben oui, me voilà. Qu'est-ce que ça a d'étonnant?... Puisque vous m'avez loué pour la journée, je n'peux pas vous lâcher avant ce soir; (à part) oh, ce n'est pas l'envie qui m'en manque!

GASTON.

Voilà une heure que je t'appelle.

FRANÇOIS.

Ah! c'est vous qui hurliez comme ça : François! François!

GASTON.
Comment, tu entendais donc?
FRANÇOIS.
Pardine, à moins d'être sourd! Vous criez assez fort! mais vous auriez pu vous égosiller longtemps... Est-ce que je pouvais deviner que c'était moi que vous appeliez?
GASTON.
Tu t'appelles pourtant François?
FRANÇOIS.
On le dit, mais je ne me connais pas sous ce nom-là. Dans le pays, tout le monde m'appelle Caporal.
GASTON.
Pourquoi Caporal?
FRANÇOIS.
C'est sans doute parce que lorsqu'il y a des bousculades, c'est toujours moi qui commande.
GASTON.
Et qu'est-ce que tu faisais par là?
FRANÇOIS.
Je gaulais des pommes... en voulez-vous? C'est du nanan...

(Il tend une pomme à Gaston qui mord dedans et fait la grimace.)

FRANÇOIS.
Oh c'te grimace!... Ah dame, c'est pas du canada ni de la reinette; c'est des pommes à cidre; c'est pas sucré, sucré! mais ça ravigote, ça ré-

veille, et vraiment j'en avais besoin... Ah, c'que j'me suis embêté depuis c'matin !

GASTON, vexé.

C'est flatteur pour moi.

FRANÇOIS.

Dame, marcher pendant sept heures sans voir tomber un perdreau, sans voir rouler un lièvre, c'est pas rigolant !

GASTON.

C'est toujours moins fatigant que d'être chargé de gibier !

FRANÇOIS.

Je n' trouve pas... un ou deux lièvres sur le dos et une douzaine de perdreaux, ça me donnerait tout de suite des jambes... Quand on voit passer les camarades avec des carniers bondés, c'est enrageant... et puis ils s'fichent d'moi, ils m'm'ontent des scies : à chaque instant ils m'envoient le petit tombereau pour me décharger ; ils m'appellent parisien ; c'est pas agréable de s'entendre dire des sottises.

GASTON, riant.

Tu appelles ça des sottises ?

FRANÇOIS.

Tiens, c'est ben sûr pas un compliment qu'ils veulent me faire ! (Il pose son carnier.) Et puis c'est lourd les munitions !... Enfin vlà qu'ça diminue : 43 cartouches de moins !

GASTON.

Comment 43 ! Je n'ai pas tiré 43 cartouches.

FRANÇOIS.

Ah si, je les ai comptées; et pour n'pas me tromper, j'ai gardé les douilles... C'est y vous aussi qu'avez tiré tout à l'heure 17 coups dans les betteraves.

GASTON.

Oui, c'est moi.

FRANÇOIS.

Je m'étais étendu sur le gazon pour dormir un brin; ah ouiche. Je t'en souhaite ! Une fusillade à réveiller un mort. Pan ! Pan !.. Pan ! Pan ! Pan !... Pan ! Pan !... C'était comme la petite guerre !... Combien que vous en avez démoli ?

GASTON, montrant son alouette.

Voilà !

FRANÇOIS.

Oh la belle pièce !! (Il la prend et fait semblant de porter quelque chose de lourd.) Elle pèse au moins sept livres ? (Il essaie de la mettre dans le carnier.) Entrera-t-elle ? Entrera-t-elle pas ?... (D'un air triomphant.) Oui, elle entre !... Tiens, ous qu'est donc votre chien ?

GASTON.

Comment, il n'est pas là ?... Où peut-il être ? Médor ! Médor.

FRANÇOIS.

Il vous aura lâché... ça ne m'étonne pas, il

n'paraissait pas fier de vous... ce qu'il avait l'air de s'embêter. Chaque fois que vous tiriez, il s'couchait, et puis il me regardait en dessous ; il avait l'air de me dire : ça ne sera pas encore pour cette fois-ci... tiens, on a son petit amour-propre de chien, c'est vexant de rentrer bredouille... et puis, vous lui aurez peut-être envoyé du plomb ?

GASTON.

Je n'ai pas l'habitude de tirer sur mon chien.

FRANÇOIS.

Je pense bien ; mais sans le viser, vous auriez pu lui cingler les oreilles, puisque vous mettez quelquefois à côté... Moi, tel que vous me voyez, j'suis pas poltron, et ben si j'étais à dix pas d'un lièvre que vous tireriez, j'serais pas tranquille.

GASTON.

Dis donc, je ne te donne pas trois francs par jour pour te moquer de moi.

FRANÇOIS.

Je l'pense ben. Vous m'avez loué pour porter votre gibier ; et ben, ous qu'il est le gibier ?

GASTON.

Je n'ai pas de chance aujourd'hui... et puis vraiment le gibier est farouche ici.

FRANÇOIS.

Ah ben sûr qu'il n'est pas apprivoisé... C'est pas comme aux environs de Paris : on dit qu'on élève les perdreaux dans des grandes cages et que l'jour de l'ouverture, on les lâche; alors les chasseurs n'ont qu'à leur jeter un peu de grain et à dire : « petits, petits,... petits, petits! » pour qu'ils accourent. C'est-y vrai que ça se passe comme ça?

GASTON.

Pas tout à fait.

FRANÇOIS, criant.

Ah! méfiez-vous! méfiez-vous!

GASTON.

Quoi donc?

FRANÇOIS.

Vous voyez bien ce particulier qui chasse là-bas... eh ben, c'est un Parisien, comme qui dirait vous. Ce qu'il est maladroit c't'homme là! Et dangereux! Oh pas pour le gibier! Mais il a déjà estropié deux rabatteurs, éborgné un garde champêtre et tué raide le chien de M. Emile. Ah le v'là qui s'emballe sur un lièvre; nous sommes sauvés!

(Un silence.)

FRANÇOIS.

Monsieur!

GASTON.

Quoi?

FRANÇOIS.

Ça ne vous fait rien de rentrer bredouille?... Un jour d'ouverture?

GASTON.

Si, ça me contrarie, mais je n'y peux rien.

FRANÇOIS.

Voulez-vous peloter tous les chasseurs, être le roi de la chasse?

GASTON.

Je ne demanderais pas mieux, mais ça n'en prend pas le chemin. Qu'est-ce qu'il faut faire pour ça?

FRANÇOIS.

Prêtez-moi votre fusil, seulement pendant deux heures, et puis vous verrez! Je ne vous dis qu'ça!... J' connais les bons endroits, et j' manque pas souvent mon coup.

GASTON.

A quoi ça m'avancera-t-il?

FRANÇOIS.

Voilà : en rentrant au pays, j'vous rends votre fusil et vous vous baladez d'un air crâne ; on vous demande combien vous rapportez de pièces; vous répondez : « Ah je n'sais pas, faut d'mander ça au gosse qui les porte. » Moi j'arrive à vingt pas derrière vous, l'air esquinté et j'dis :

« Ah j'peux pus avancer! Ces parisiens, ça ne manque jamais leur coup! faut voir ça pour le croire, et patati, et patata! » Enfin je leur conte un tas de blagues pour vous faire valoir.

GASTON.

Ou tu vends la mèche et tu me rends ridicule.

FRANÇOIS.

Y a pas de danger : d'abord j'sais tenir ma langue... quand je veux... Et puis, j'ai pas de permis, je me ferais pincer par le père Grapinot, le garde-champêtre.

GASTON.

Ça, c'est une raison.

FRANÇOIS.

Alors, ça tient le marché?... Allons, donnez-moi votre fusil... t'nez, v'là le carnier.

GASTON.

Comment le carnier?

FRANÇOIS.

Dame, j'peux pas tout porter... Vous marcherez à dix pas derrière moi, et quand vous entendrez tirer, vous accourerez pour ramasser le gibier ou ben courir après s'il n'est que blessé... (Il marche le fusil sur l'épaule, puis se retourne et dit d'un air important.) Nous allons commencer par battre la grande pièce de luzerne; puisque Médor n'est pas là, vous me ferez le rabat... Allons, en route! Comment que vous vous appelez pour que je puisse vous hêler?

GASTON.

Gaston.

FRANÇOIS.

Tiens, c'est comme le cuisinier du château... le chef de la marquise s'appelle aussi Gaston; j'croyais que c'était un nom de cuisinier... Est-ce que vous êtes aussi cuisinier?

GASTON, vexé.

Non, je ne suis pas cuisinier.

FRANÇOIS.

Tiens, c'est un bon métier; on gagne de l'argent gros comme soi... Quoi que vous faites?

GASTON.

Je fais de la littérature; tu ne sais pas ce que c'est? Des pièces de théâtre, des romans.

FRANÇOIS.

C'est peut-être un bon métier, mais je suis sûr qu'on ne gagne pas tant qu'à être cuisinier... Enfin, c'est chacun son goût! Allons, marchons! Emboîte le pas derrière moi, Gaston, et surtout ne me lâche pas! (Il sort en se redressant.)

GASTON, au public.

C'est un bon type. Je le mettrai en scène.

UNE PRÉSENTATION

UNE PRÉSENTATION.

PERSONNAGES
: Madame de Bréville.
  Marthe, sa fille, 16 ans.
  Marguerite, amie de Marthe, 17 ans.
  André, frère de Marguerite, 22 ans.
  De Bellegarde, 25 ans.

La scène se passe au château de Mme de Bréville.
Le théâtre représente un salon.

SCÈNE I.

MARTHE et MARGUERITE *entrent en causant.*

MARTHE.

Ah! ma chère, quelle heureuse inspiration tu as eue de venir aujourd'hui!... tu tombes en pleine conspiration!

MARGUERITE.

Une conspiration?

MARTHE.

Oui, le plus noir des complots contre moi, contre mon repos, contre ma liberté!... Mais te voilà : tu vas me conseiller, me soutenir, me défendre... Ah! j'ai grand besoin de ton aide!

MARGUERITE.

Qu'est-ce qui se passe, mon Dieu?

MARTHE.

Il se passe des choses épouvantables : figure-toi que ma tante s'est mis en tête de me marier; et ce qu'il y a de plus terrible, c'est qu'elle a réussi à convaincre maman que ce projet était fort raisonnable... Me marier! et je n'ai pas dix-sept ans!... Mais il me semble que je sors de nourrice; j'adore encore mes poupées et c'est tout juste si je ne crois plus à Croquemitaine... Me marier! Mais il y a huit jours que j'étais encore en robe courte et tous les matins j'apprends mes leçons en haut de mon cerisier! Non, c'est impossible, c'est insensé!... Il n'y a que ma tante pour avoir des idées pareilles!

MARGUERITE.

C'est ta tante Ernestine qui a eu cette pensée-là!

MARTHE.

Naturellement. Celle qui a eu trois maris... Je comprends que lorsqu'on en fait une si grande consommation, il faille commencer jeune; mais enfin tout le monde n'a pas la bosse du mariage aussi proéminente que ma tante Ernestine. Qu'elle en prenne un quatrième si elle veut absolument s'occuper de mariage, mais qu'elle laisse les autres tranquilles!... Ah, ma pauvre amie, que je suis malheureuse!... Tu sais si j'aime à rire! Eh bien, depuis huit jours, je n'ai pas souri une fois.

MARGUERITE.

Et quel est l'heureux mortel qui aspire à ta main?

MARTHE.

Un phénix naturellement! Un monsieur de Bellegarde qui réunit toutes les perfections requises pour l'emploi de mari... Et elle nous expédie ce précieux colis aujourd'hui même : le train de deux heures a dû le déposer à la gare et le cocher est parti pour le chercher; dans un instant il sera ici.

MARGUERITE, la toisant des pieds à la tête.

Mais il me semble que tu n'as pas fait beaucoup de frais de toilette en son honneur.

MARTHE.

Je l'ai bien fait exprès : je me suis mise en robe courte et je me suis planté les cheveux sur le dos... Quand j'apercevrai la voiture, je prendrai ma poupée dans mes bras et je ne le regarderai seulement pas... (D'un ton impatient.) Enfin tu ne dis rien, parle donc, conseille-moi donc, qu'est-ce que tu penses de tout cela?

MARGUERITE.

Mais que veux-tu que j'en pense puisque je

ne le connais pas... Est-il grand, est-il beau, est-il jeune? Dis-moi au moins son petit nom; tu sais que j'ai la prétention de juger les gens sur leur nom.

MARTHE.

Je ne le sais pas son nom, mais il doit s'appeler Romulus, ou Rémus, ou Brutus. Dans cette famille-là, ils ont tous des noms antiques : sa mère s'appelle Tullie et son père Horace.

MARGUERITE.

Son physique?

MARTHE.

On le dit assez joli garçon, mais ce n'est pas à cela que je tiens le plus. Car sans avoir la moindre envie de me marier, j'ai déjà pensé à ce que je désirais trouver dans mon mari : je veux avant tout un homme sérieux; de plus, lettré, instruit, érudit même ; j'y tiens absolument ; mais c'est assez difficile de juger cela en une séance... Je ne peux pas à propos de rien lui parler des Romains et des Grecs et lui faire passer un examen.

MARGUERITE.

Il y a un moyen bien simple : nous jouerons aux petits jeux et nous l'enverrons sur la sellette.

MARTHE.

C'est une idée lumineuse... Ah! voilà ton frère!

(André entre.)

SCÈNE II.

MARTHE, MARGUERITE, ANDRÉ.

ANDRÉ.

Mademoiselle, je vous présente mes hommages.

MARTHE.

Soyez le bienvenu, Monsieur André.

ANDRÉ.

Sous-entendu : « Vous êtes bien aimable d'avoir amené votre sœur. »

MARTHE.

Alors votre sœur est bien aimable de vous avoir amené.

ANDRÉ.

Vous avez réponse à tout. Il faut renoncer à vous taquiner et à lutter avec vous... Il n'y a qu'au crocket qu'on peut se mesurer sans crainte d'être battu.

MARTHE.

C'est ce qu'il faudra voir ! J'ai fait beaucoup de progrès. Aujourd'hui nous allons faire une partie sérieuse : deux camps !

ANDRÉ.

Mais nous ne sommes que trois.

MARTHE.

Eh bien, et M. de Bellegarde qui arrive tantôt.

ANDRÉ.

Bellegarde vient aujourd'hui?

MARTHE, vivement

Vous le connaissez?

ANDRÉ.

Un peu : je l'ai vu l'année dernière chez Mme de Cimaise où il passait les vacances ; je serai bien heureux de le revoir, ce cher Théramène!

MARTHE.

Comment, il s'appelle Théramène?

ANDRÉ.

Non, mais je ne le connais que sous ce nom-là ; nous l'avions surnommé ainsi depuis une certaine charade que nous avons jouée avec lui... il faut que je vous conte cela : nous avions à représenter la syllabe *vers*, et il était convenu que nous récitions à tour de rôle une poésie quelconque. Naturellement chacun choisissait ou un sonnet de Musset, un passage de Lamartine ou de Victor Hugo, enfin quelque chose de court afin de ne pas abuser de la patience des spectateurs. Son tour arrive ; il se lève, se plante au milieu du salon dans une pose élégiaque, et il commence d'un ton lugubre :

« À peine nous sortions des portes de Trézène.
« Il était sur son char... etc., etc.

Il nous récite tout au long la mort d'Hippolyte.

Ah! quelle tirade! 93 vers! Il ne nous a pas fait grâce d'un seul.

MARTHE.

Cela prouve qu'il les savait.

ANDRÉ.

Malheureusement!

MARTHE.

Vous ne lui avez pas demandé quelque autre passage de Racine ou de Corneille?

ANDRÉ.

Ah! non, nous en avions assez comme cela! D'autant que les spectateurs, déroutés par cette avalanche de poésie, n'avaient rien trouvé de mieux que d'appliquer à cette scène le mot *scie*. Comme c'était flatteur!

MARGUERITE.

Enfin cela prouve qu'il possède ses classiques.

ANDRÉ.

Oui, mais on les garde pour soi!... Au reste, sauf cela, c'est un charmant garçon.

MARTHE.

Est-il gai? Est-il triste?

ANDRÉ.

Ah! je n'en sais rien. Chaque fois que je pense à lui, je vois toujours Hippolyte (déclamant), traîné par les chevaux que sa main a nourris, les cheveux embarlificotés dans les ronces et Théramène ramassant les morceaux du héros.

MARTHE.

Êtes-vous moqueur!

ANDRÉ.

Je ne suis pas moqueur, mais enfin on n'abuse pas ainsi de la bonne volonté des parents. Quand on joue des charades, il faut penser que ce n'est pas amusant pour ceux qui les écoutent.

MARGUERITE, regardant à la fenêtre.

Chut! Je crois que le voilà! Surtout ne l'appelle pas Théramène, je lui éclaterais de rire au nez.

MARTHE.

Ah! mon Dieu, et maman qui n'est pas encore rentrée... Nous allons être obligés de le recevoir. (A Marguerite.) Heureusement que ton frère est là. Allez donc au-devant de lui, Monsieur André.

SCÈNE III.

MARTHE, MARGUERITE.

MARTHE.

C'est le moment de prendre ma poupée.

MARGUERITE.

Es-tu enfant!

MARTHE.

Mais, ma chère, je n'ai pas dix-sept ans!... Puisque ça m'amuse encore, je ne vois pas pourquoi je me priverais de ce plaisir-là. (Elle promène sa poupée comme un enfant qu'on veut endormir en chantant : « do do l'enfant do... »)

MARGUERITE.

Voyons, Marthe, pose cette poupée.

MARTHE.

Quand elle dormira!... do do, l'enfant do, l'enfant dormira tantôt... Et puis, il faut bien ôter à ce monsieur l'envie de m'épouser.

(André et Bellegarde entrent.)

SCÈNE IV.

MARTHE, MARGUERITE, ANDRÉ, BELLEGARDE.

ANDRÉ.

Je vous présente M. de Bellegarde, un joueur de crocket invincible... Mlle de Bréville... Ma sœur.

BELLEGARDE, saluant.

Mesdemoiselles! (A Marthe.) Mademoiselle, madame votre tante m'a chargé d'une commission pour vous. (Il tire de sa poche un paquet et le donne à Marthe.)

MARTHE.

Je vous remercie, Monsieur; mais est-ce que ma tante ne vous a pas aussi parlé d'un chapeau qu'elle devait envoyer pour ma fille?

BELLEGARDE.

Votre fille?

MARTHE.

Oui, ma fille. (Montrant sa poupée.) C'est une fille.

BELLEGARDE, ahuri.

Ah, c'est une fille !

MARTHE.

Mais oui ; vous voyez bien qu'elle est en rose.

BELLEGARDE, riant.

Et quel âge a-t-elle cette jeune personne ?

MARTHE.

Elle aura deux ans aux cerises.

MARGUERITE.

Pourquoi aux cerises.

MARTHE.

Ah ! voilà : je ne me rappelle jamais les dates, et les saisons des fruits me servent de point de repère. Donc, il y a deux ans, j'avais dans mon jardin, car j'ai un jardin que je cultive moi-même, j'avais un cerisier couvert des plus belles anglaises. (A Bellegarde.) Aimez-vous monter aux arbres ? Moi, j'adore cela ! Tous les jours j'allais goûter en haut de mon cerisier. Mais une belle nuit, un orage épouvantable a jeté toutes mes cerises par terre et j'ai eu tant de chagrin que, pour me consoler, maman m'a donné cet amour d'enfant que j'ai baptisée du nom de Suzette.

BELLEGARDE.

Et Mlle Suzette est fille unique ?

MARTHE.

Oh! non, j'en ai sept!

BELLEGARDE.

C'est une jolie famille!

MARGUERITE.

Si nous allions un peu dans le parc.

ANDRÉ, regardant à la fenêtre.

Ah! nous n'avons pas de chance! Voilà notre partie de crocket tombée dans l'eau ou pour le moins très arrosée; il pleut à verse.

MARGUERITE, vivement.

Eh bien, jouons à autre chose; jouons aux petits jeux, voulez-vous, Messieurs?

BELLEGARDE.

A vos ordres, Mesdemoiselles.

ANDRÉ.

Je suis sûr qu'on va m'envoyer sur la sellette.

MARTHE.

Non, je me dévoue!

BELLEGARDE.

Ah! Mademoiselle, permettez-moi de vous remplacer.

MARTHE.

Je ne demande pas mieux... Nous allons prendre un personnage célèbre et vous le devinerez.

BELLEGARDE.

Ou je ne le devinerai pas! Je suis un peu novice à ce jeu-là.

ANDRÉ.

Ne faites donc pas le modeste, monsieur l'érudit.

(Bellegarde sort.)

MARTHE.

Prenons un personnage de l'antiquité.

MARGUERITE.

Hercule.

MARTHE

C'est trop facile.

ANDRÉ.

Facile! facile! Peut-être pour vous, Mesdemoiselles, mais il y a longtemps que nous avons fait nos classes et l'antiquité se perd dans un lointain nébuleux... Enfin, va pour Hercule! (Il va à la porte.) Bellegarde, vous êtes convié à venir occuper la sellette.

(Bellegarde rentre et s'assied sur un tabouret.)

BELLEGARDE, s'adressant à Marthe.

Est-ce une femme?

MARTHE.

Non.

BELLEGARDE, à André.

Alors c'est un homme?

ANDRÉ.

Probablement.

BELLEGARDE, à Marguerite.

Célèbre?

MARGUERITE.

Oui.

BELLEGARDE, à Marthe.

Célèbre dans l'antiquité?

MARTHE.

Oui.

BELLEGARDE, à André.

Il est mort de mort violente?

ANDRÉ.

Oui.

BELLEGARDE.

C'est Hippolyte!

ANDRÉ.

(A part.) Allons, bon! (A Bellegarde.) Non.

BELLEGARDE, à Marthe.

Il a délivré sa patrie de monstres qui étaient des fléaux?

MARTHE.

Oui.

BELLEGARDE.

Alors c'est Thésée.

ANDRÉ.

(A part.) Nous ne sortirons pas de la famille... (A Bellegarde.) Non.

BELLEGARDE.

Alors, je n'y suis plus du tout.

ANDRÉ.

Mais enfin, mon cher, il n'y a pas absolument

que la famille Thésée dans l'antiquité! Il y a un héros beaucoup plus célèbre que Thésée; et s'il s'est jamais reposé de la douzaine de travaux qu'il avait entrepris, c'est aux pieds d'une reine célèbre qui exigeait de lui des ouvrages indignes d'un héros.

BELLEGARDE.

Ah! c'est Hercule!

MARGUERITE.

Que tu es ennuyeux, André! Il n'y a pas moyen de jouer avec toi; tu prends plaisir à faire deviner celui qui est sur la sellette.

MARTHE.

Eh bien, jouons à un autre jeu : nous allons prendre par ordre toutes les lettres de l'alphabet, et chacun sera obligé de citer un vers commençant par la lettre qui lui sera échue par la place qu'il occupe. C'est bien simple, n'est-ce pas?

ANDRÉ.

Simple! Simple! Il suffit d'avoir une mémoire prodigieuse. Enfin, allons-y gaiement! Commencez, Bellegarde?

BELLEGARDE.

Je n'ai pas très bien compris. Qu'est-ce que vous me demandez?

MARGUERITE.

Un vers commençant par un a.

UNE PRÉSENTATION.

BELLEGARDE, se lève.

A peine nous sortions des portes de Trézène,
Il était sur son char.

ANDRÉ.

Assez! assez! Ménagez vos forces et vos provisions. A toi, Marthe.

MARTHE.

Belle reine, et pourquoi vous offenseriez-vous?

MARGUERITE.

C'était un bon soldat, charmant à la bataille.

ANDRÉ.

Du plus grand des Romains voilà ce qu'il nous reste !
A vous, Bellegarde.

BELLEGARDE, se lève.

Et du sein de la terre une voix formidable
Répond en gémissant à ce cri redoutable.

ANDRÉ, à Marthe.

Nous allons en avoir une seconde édition.

MARTHE.

Frank, tu venais t'asseoir au paisible foyer.

MARGUERITE.

Grand Dieu, voici ton heure, on t'amène ta proie !

ANDRÉ.

H! H! Je ne trouve pas. (A Bellegarde.) Je vous passe mon tour.

BELLEGARDE.

Hippolyte lui seul, digne fils d'un héros,
Arrête ses coursiers, saisit ses javelots ;

ANDRÉ, à Marthe.

Il n'en sortira pas.

MARTHE.

Il se faut entr'aider, c'est la loi de nature.

MARGUERITE.

J'oubliai ma colère et ne sus que pleurer.

ANDRÉ.

Kalmouks, Russes, Chinois, tous les hommes sont frères.

BELLEGARDE, avec emphase.

Le flot qui l'apporta recule épouvanté !

ANDRÉ.

Vous êtes tragique, mon cher.

BELLEGARDE.

Cependant je fais rire ces demoiselles.

MARTHE va vers la fenêtre.

La pluie a cessé ; si nous allions jouer au crocket, ce serait beaucoup plus amusant.

MARGUERITE, se levant.

C'est cela... Nous allons faire deux camps... Quels sont les plus forts ?

MARTHE.

Ce sera le sort qui décidera. Nous allons mettre nos noms dans un chapeau et les deux premiers

UNE PRÉSENTATION.

qui sortiront seront associés ensemble. (Bas à Marguerite). Comme cela, nous allons savoir son nom.

MARGUERITE.

Il doit s'appeler Hector.

(Chacun écrit son nom sur un papier et le jette dans un chapeau que tient Marthe. Marthe tire un nom et appelle à haute voix.)

Mademoiselle Marguerite! (Elle déplie un second papier.)
Monsieur, hihi hi. (Elle éclate de rire).

MARGUERITE.

Eh bien, Marthe?

MARTHE.

Monsieur, hi hi. (Elle a le fou rire.)

MARGUERITE.

Voyons, Marthe, tu es folle!

MARTHE.

Monsieur... Monsieur... Ah! je ne pourrai pas.
(Elle passe le papier à Marguerite.)

MARGUERITE, riant.

Monsieur... Monsieur... Monsieur Hippolyte!

ANDRÉ, riant aussi.

Ne faites pas attention; c'est que ce nom rappelle à ces demoiselles une personne à laquelle elles ne peuvent penser sans rire.

MARTHE, à la fenêtre.

Ah! voilà maman qui rentre.

(Madame de Bréville entre.)

SCÈNE V.

LES MÊMES, Mme DE BRÉVILLE.

Mme DE BRÉVILLE.

Je vous demande pardon, Monsieur, de ne pas m'être trouvée là au moment de votre arrivée; mais je pense que ces demoiselles vous auront fait les honneurs du château. Vous paraissez complètement rétabli !

ANDRÉ.

Vous avez donc été malade ?

BELLEGARDE.

Oui, à la suite d'une chute terrible : je montais un cheval assez difficile et de plus très peureux; il a été effrayé par un tramway, s'est emporté, et m'a jeté par terre; mais je suis resté accroché par mes éperons et j'ai été traîné sur le pavé.

ANDRÉ, bas à Marthe.

Dans les rênes lui-même il tombe embarrassé. Nous n'en sortirons jamais. (A Bellegarde.) Eh bien, mon ami, la pluie a cessé, nous allons faire une partie de crocket; si vous voulez m'aider, nous préparerons le champ de bataille.

BELLEGARDE.

Je vous suis. Mesdames ! (Il s'incline.)

(Il sort avec André, Marguerite les suit.)

SCÈNE VI.

Mme DE BRÉVILLE, MARTHE.

Mme DE BRÉVILLE vivement.

Eh bien, comment le trouves-tu?
(Marthe se tord de rire et ne répond pas.)

Mme DE BRÉVILLE.

Eh bien, Marthe, qu'est-ce qui te prend ?

MARTHE.

Ah! maman, laisse-moi rire, je t'en prie, ça me fera du bien.

Mme DE BRÉVILLE.

Mais enfin, qu'est-ce que tu as ?

MARTHE.

Pense qu'il y a huit jours que je n'ai ri... J'ai un tel arriéré !

Mme DE BRÉVILLE.

Tu es ridicule.

MARTHE, riant toujours.

Ça m'est égal... Je ne peux plus... J'en serai malade !... Ah ! ce pauvre Hippolyte !

Mme DE BRÉVILLE.

Quel Hippolyte ?

MARTHE.

Eh bien, Hippolyte, le fils de Thésée.
Hippolyte lui seul, digne fils d'un héros.

Mme DE BRÉVILLE.

Mais tu es folle!

MARTHE, déclamant tout en riant.

Cette image cruelle
Sera pour moi, de pleurs une source éternelle.

Mme DE BRÉVILLE.

Mais enfin tu perds la raison.

MARTHE.

Il y a de quoi :
J'ai vu, seigneur, j'ai vu votre malheureux fils
Traîné par les chevaux que sa main a nourris.

Mme DE BRÉVILLE.

Enfin te tairas-tu?

MARTHE.

Sa croupe se recourbe en replis tortueux.

Mme DE BRÉVILLE.

Mais tu es malade, ma pauvre enfant!

MARTHE.

Le flot qui l'apporta recule épouvanté!
(Elle tombe sur une chaise en éclatant de rire.)

Mme DE BRÉVILLE.

Enfin puis-je savoir?

MARTHE, riant toujours.

Je te raconterai tout cela tantôt, mais je ne peux pas.

Mme DE BRÉVILLE.

Faut-il le retenir à dîner?

MARTHE.

Oh! non, maman, je t'en prie, nous en serions malades.

Mme DE BRÉVILLE.

Eh bien, et ce projet de mariage?

MARTHE.

Il faut y renoncer. Jamais je ne pourrai le regarder sans rire... et puis du reste, j'ai bien vu que je ne lui plaisais pas... si tu avais vu de quel air il regardait ma fille; il n'aime pas les enfants, c'est clair!

Mme DE BRÉVILLE.

Tu es folle avec ta fille... tu es plus enfant qu'une enfant de cinq ans!... Il n'y a pas à penser à te marier.

MARTHE.

Mais c'est ce que je te dis, maman... Ah! laisse-moi m'en aller; ils vont jouer au crocket sans moi.

Mme DE BRÉVILLE.

Tu sais que je ne veux pas qu'on joue d'argent.

MARTHE.

Non, je te le promets... Je vais leur proposer de jouer une discrétion; et comme je suis sûre de gagner, je demanderai une ombrelle pour ma fille.

(Elle veut sortir.)

Mme DE BRÉVILLE.

Voyons, Marthe, tu n'y penses pas!

MARTHE.

Mais, maman, puisqu'elle n'en a pas.

(Elle veut encore sortir.)

Mme DE BRÉVILLE.

Écoute-moi donc : alors c'est bien convenu, je vais écrire à ta tante ; que faut-il lui dire?

MARTHE.

Dis-lui que nous lui cherchons un quatrième mari et que je serai sa demoiselle d'honneur; elle sera enchantée et elle me laissera tranquille... (Elle s'approche de sa mère et lui tend sa joue.) Allons, embrassez fifille! Maintenant je vais retrouver Hippolyte!

(Elle sort en gambadant.)

Mme DE BRÉVILLE, au public.

Je crois vraiment qu'elle n'est pas mûre pour le mariage!...

UN PREMIER AVRIL

SAYNÈTE.

UN PREMIER AVRIL

SAYNÈTE.

PERSONNAGES
{ La mère Catherine.
Bastien, 11 ans.
Lucas, 9 ans.
Pierre, 12 ans. }

La scène se passe chez la mère Catherine. Intérieur d'une maison de paysan : une table, deux escabeaux; sur la table un broc rempli de lait et un gobelet.

SCÈNE I.

CATHERINE, seule. (Elle écoute.)

Allons, v'là encore Bichette qui recommence sa musique!... Est-elle criarde cette bête-là... Depuis deux jours qu'on lui a enlevé ses chevreaux, elle n'arrête pas de piailler!... Enfin, maintenant elle va me donner tous les jours deux bons litres de lait... et quel lait!... On n'en trouverait pas de meilleur à deux lieues à la ronde!... Avant de servir les pratiques, je vas prendre le dessus et m'en verser un bon verre... (Elle verse du lait dans le gobelet.)

(Bastien entre vivement.)

SCÈNE II.

CATHERINE, BASTIEN.

BASTIEN.
Mame Catherine! Mame Catherine!
CATHERINE.
Qu'est-ce qu'il y a?
BASTIEN.
Y a que votre chèvre s'a sauvée dans le jardin! Elle est en train de manger vos pois et vos salades; elle fourrage tout!
CATHERINE.
Ah, la vilaine bête!... Vois-tu, mon Bastien, depuis qu'on lui a ôté ses petits, elle est comme folle... je l'avais pourtant attachée solidement... J'y cours!

(Elle sort.)

SCÈNE III.

BASTIEN, seul.
Oh oui, elle était attachée solidement!... J'ai cru

que je ne pourrais jamais détortiller la corde... (Il met ses deux mains de chaque côté de sa bouche et s'adresse au public.) C'est moi qui l'a lâchée!... Jamais on ne la promène!... toujours au piquet!... Elle s'ennuie c'te bête!... Aussi, une fois détachée, elle ne se l'est pas fait dire deux fois : deux bonds et brrrr.. ouut!... tout droit au champ de salades!... Faut pourtant pas qu'elle mange tout... on aime à rire, mais on n'est pas méchant pour ça et je ne voudrais pas lui faire tort à c'te pauvre mère Catherine... histoire de blaguer un peu seulement!... C'est qu'il y a plaisir à lui faire des farces parce qu'elle se laisse toujours pincer... elle n'est pas plus maline que mon sabot... L'autre jour. Lucas lui a-t-il pas fait accroire qu'il avait vu à l'exposition des enfants qui avaient des têtes de canards et qu'il avait mangé des œufs de dromadaires... elle l'a cru!... elle le croit encore!... A-t-il une mine son lait!... Si je le goûtais!... (Il le goûte et se lèche les lèvres.) Saperlipopette! Est-il bon!... ça serait dommage de ne pas boire tout! (Il vide le gobelet.) Je vais en verser un autre verre, elle n'y verra que du feu! (Au moment où il prend le broc, Catherine rentre.) Allons bon, la v'là! (Il repose le broc.)

SCÈNE IV.

BASTIEN, CATHERINE.

CATHERINE.

Ah! elle est au piquet!.... (Elle écoute.) Allons bon, la v'là qui recommence sa chanson! Mais si elle se sauve cette fois-ci, elle sera plus maline que moi.

BASTIEN, à part.

Ça ne sera pas difficile!

CATHERINE.

Je te remercie, mon petit Bastien, de m'avoir prévenue.

BASTIEN.

Il n'y a pas de quoi, mame Catherine, à votre service!

(Il sort.)

SCÈNE V.

CATHERINE, seule. (Elle prend le gobelet.)

Tiens, mon lait!... Eh ben, j'aurais parié que je m'en étais versé un verre!... Je me serai trompée... (Elle remplit le gobelet et le porte à ses lèvres, Lucas entre.)

SCÈNE VI.

CATHERINE, LUCAS.

LUCAS.

Mère Catherine, votre chèvre a cassé sa corde et elle vient d'enfiler la grande rue au triple galop.

CATHERINE.

Encore!... elle me fera perdre la tête, cette bête là!... Je l'avais pourtant bien attachée... Je vas courir après ; veux-tu garder la maison, mon petit Lucas?

LUCAS.

Je n' demande pas mieux... Prenez votre temps, mère Catherine, je n' suis pas pressé...

CATHERINE.

A-t-elle pris à droite ou à gauche?

LUCAS.

Je crois que c'est à droite... à moins que ce ne soit à gauche... Je ne sais plus, mais c'est bien sûr à droite ou à gauche.

(Catherine sort.)

SCÈNE VII.

LUCAS, seul.

C'est ce gueux de Bastien qui l'a encore lâchée!...

C'est une scie qu'il lui monte, quoi!... J'avais envie de lui dire à c'te pauvre femme; mais, entre camarades, faut pas se vendre!... Et puis, d'être rapporteur, ça ne rapporte jamais rien... que des coups!... Si j'avais parlé, la mère Catherine ne m'aurait rien donné pour l'avoir prévenue... et Bastien m'aurait donné une bonne râclée... Vaut mieux se taire!... Dieu, que j'ai soif! (Il regarde autour de lui.) Il n'y a pas d'eau ici?... Tiens, du lait! (Il regarde dans le broc.) Ah ben, elle en a une provision!... Un verre de plus ou de moins, ça ne lui fera pas grand tort! (Pendant qu'il boit, Catherine et Bastien entrent.)

SCÈNE VIII.

CATHERINE, BASTIEN, LUCAS.

CATHERINE, furieuse, tient Bastien par l'oreille.

A-t-on jamais vu un garnement pareil!... C'est ce petit chenapan-là qui avait lâché Bichette!... Allons bon, v'là l'autre qui boit mon lait!... C'est comme ça que tu gardes ma maison! (Elle le prend aussi par l'oreille et les amène tous deux sur le devant de la scène.) En v'là deux galopins!... Vous n'êtes pas honteux de me faire enrager comme ça?

BASTIEN.

Ah, mame Catherine, ne serrez pas si fort.

LUCAS.

Vous allez m'arracher l'oreille si vous me tirez comme ça.

CATHERINE.

Il y a bien de quoi vous faire mettre en rage de voir deux petits morveux qui ne pensent qu'à faire endêver le monde.

BASTIEN.

Voyons, mame Catherine, dans tout ça il n'y a pas de quoi fouetter un chat.

LUCAS.

En v'là-t-il des histoires pour un méchant verre de lait!

CATHERINE.

Je vous dis que vous me rendrez enragée avec vos méchants tours.

BASTIEN.

Ne nous mordez pas surtout.

CATHERINE.

Si je m'écoutais, je vous battrais!

LUCAS.

Ne vous écoutez pas alors.

CATHERINE.

Vous me ferez sortir des gonds!

BASTIEN.

N'en sortez pas, mais laissez-nous sortir; nous ne le ferons plus.

CATHERINE.

Eh ben alors, décampez vite, et surtout n'y revenez pas!

(Lucas se sauve, Bastien le suit, puis il rouvre la porte et passe sa tête.)

BASTIEN.

Faut-il aller surveiller votre chèvre?

CATHERINE.

Attends, attends, mauvais sujet, je vas te corriger!

(Bastien se sauve.)

SCÈNE IX.

CATHERINE, seule.

Sont-ils vicieux, ces deux petits-là!... ils me feront damner! Mais faut que ça finisse!... On a de la patience, mais faut pas qu'on me pousse à bout!... Je vas aller me plaindre à leurs parents... ils recevront une bonne correction et ils ne l'auront pas volée!... (On frappe.) Allons, qu'est-ce que c'est encore? Entrez!

(Bastien entrebaille la porte et avance sa tête.)

SCÈNE X.

CATHERINE, BASTIEN.

CATHERINE.

C'est encore toi, mauvais garnement, veux-tu bien te sauver!

BASTIEN, entrant.

Mais, mame Catherine, vous savez bien que je suis maintenant garçon épicier chez le père Mathieu; c'est moi qui fais les commissions et je vous apporte ce que vous avez commandé ce matin.

CATHERINE.

Je n'ai rien commandé du tout.

BASTIEN.

Vous l'avez oublié, parce que Mathieu m'a dit comme ça : « Tiens, Bastien, porte bien vite cette caisse-là chez mame Catherine; elle a dit que c'était pressé. »

CATHERINE.

Qu'est-ce que c'est que cette marchandise-là?

BASTIEN.

C'est vingt-cinq boîtes de cirage.

CATHERINE.

Vingt-cinq boîtes de cirage! Miséricorde! Mais qu'est-ce que tu veux que je fasse de vingt-cinq boîtes de cirage, moi qui ne cire mes sabots que l[e] dimanche.

BASTIEN.

Il m'a dit que vous alliez déménager et qu[e] vous vouliez vous établir décrotteuse de soulier[s] sur la place de l'église... Est-ce que c'est vrai?

CATHERINE.

Il est fou ce père Mathieu!... Où a-t-il été pê[-] cher une idée pareille?

BASTIEN.

Moi, ça me semblait drôle aussi... enfin, fau[t] pas vous fâcher, c'est qu'il se sera trompé d[e] nom... c'est sans doute la mère Claudine qu[i] aura commandé ça... Faites excuse si je vous a[i] dérangée.

(Il sort; au moment où il sort, Pierre entre.)

SCÈNE XI.

CATHERINE, PIERRE.

CATHERINE.

Ah! te voilà, mon petit Pierre, ça me fait plaisi[r] de te voir!... T'es un bon enfant, toi; c'est pa[s] comme tous ces petits vauriens du pays!... depui[s] ce matin, ils ne me laissent pas un moment de re[-] pos... Les enfants sont-ils mal élevés aujourd'hui!.[.] Enfin il y en a encore des bons : c'est pas toi qu[i] me ferais endêver comme ça!... Qu'est-ce que tu m'apportes là.

PIERRE.

Voilà, mame Catherine : comme je revenais du bois et que je traversais le chemin de fer, le chef de gare a couru après moi ; il m'a dit comme ça : « Puisque tu passes devant la maison de la mère Catherine, tu lui donneras ce panier-là qui vient d'arriver pour elle... » (Il regarde l'adresse.) Ça vient de Normandie ; c'est sans doute votre nièce qui vous envoie des pommes.

CATHERINE.

Ah ça, c'est bien possible.

PIERRE.

C'est lourd, allez ! Il doit y en avoir beaucoup... Vous m'en donnerez bien une pour ma commission... Dieu, que ça sent bon !... ça sent la reinette...

CATHERINE.

Tu trouves ?... tiens, c'est drôle, je ne sens rien du tout.

PIERRE.

Comment vous ne sentez pas ?... C'est que vous êtes enrhumée... Je vas vous aider à déballer. (Il ôte plusieurs papiers, puis du foin.) Elles sont bien emballées toujours !... (Il plonge la main dans le panier et en retire un paquet.) Tiens, c'est pas des pommes, c'est un paquet... c'est sans doute quelque chose de précieux, car c'est joliment bien enveloppé!

CATHERINE.

Qu'est-ce que ça peut être?

PIERRE enlève un papier, un autre, etc., etc.

Ça doit être beau une chose emballée avec tant de soin... Ah, il me semble que je sens une boîte... c'est peut-être une belle croix d'or!

CATHERINE.

Donne-moi ça.

PIERRE.

Ah, mame Catherine, laissez-moi regarder. (Il ouvre la boîte.) C'est entortillé dans de la voîte (ouate). Voulez-vous parier que c'est une croix?... Si je gagne, vous me donnerez deux sous; si je perds, je vous donnerai des œufs rouges à Pâques! (A part.) ou à la Trinité! (Il soulève la ouate et lève la main en tenant un tout petit poisson par la queue.) Ah la belle croix! La belle croix!

CATHERINE, furieuse.

Ah, petit malheureux, c'est encore une farce que tu me fais!... t'es pas meilleur que les autres : tu es un petit vaurien, un bandit, un scélérat!... Mais je me vengerai!... C'est honteux de faire enrager le monde comme ça!... C'est une méchanceté noire!... C'est une vilaine action!... C'est!... C'est!...

PIERRE.

Mais non, mame Catherine, c'est pas tout ça ! c'est... un poisson d'avril!!

Pardonnez nos effronteries,
Ne froncez pas tant le sourcil ;
C'est le jour des plaisanteries,
Nous sommes le premier avril !

On ne rit jamais trop sur terre,
Rions l'hiver, rions l'été ;
Qu'on soit en paix, qu'on soit en guerre,
Le Français veut de la gaîté !

UNE TROUPE D'AMATEURS

COMÉDIE EN DEUX ACTES.

UNE TROUPE D'AMATEURS

COMÉDIE EN DEUX ACTES.

PERSONNAGES
{
Odette de Bréval, 18 ans.
Marie, sa sœur, 13 ans.
Jeanne, leur cousine, 17 ans.
Miss Eva, institutrice, 40 ans.
Paul de Bréval, 25 ans.
Louis Desforges, 24 ans.
}

ACTE I.

La scène se passe au château de Madame de Bréval. Le théâtre représente une salle de verdure.

SCÈNE I.

ODETTE, JEANNE.

(Elles travaillent à l'aiguille ; Odette fixe des étoiles d'or sur une gaze bleue.)

ODETTE.

Encore une, et j'ai fini... Ah ! quel ouvrage ! Cent cinquante étoiles à coudre ! (Elle contemple son ouvrage avec satisfaction.) Mais je crois que ce sera assez réussi... ce bleu pervenche est une trouvaille!... Qu'en dis-tu?

JEANNE.

Je pense que sous cette gaze constellée, tu seras ravissante, divine, et que la poétique légende de Vénus deviendra une réalité. C'est donc pour dimanche, cette fameuse charade?

ODETTE.

Oui, ma chère, irrévocablement... A moins qu'il ne survienne encore quelque embargo comme à la dernière répétition... nous avons passé tout le temps à nous quereller : je parlais trop vite, Miss Eva parlait trop bas, Paul parlait trop haut. Je ne savais que faire de mes bras; Jupiter tenait son sceptre comme un fusil et Minerve mettait toujours son bouclier sous son bras comme un parapluie. Maman se fâchait, papa bondissait, et les divinités de l'Olympe, au lieu de parler le langage des dieux, s'injuriaient comme de simples mortels.

JEANNE.

C'est toujours ainsi que finissent les répétitions; je crains que vous n'ayiez bien de la peine à vous entendre.

ODETTE.

Et puis deux acteurs nous manquaient : Marie

qui n'est arrivée qu'hier soir et M. Desforges que nous attendons aujourd'hui.

JEANNE.

Tiens, la voilà, Marie. Elle revient du bois, chargée d'un fagot de feuillage.

ODETTE.

C'est pour décorer notre théâtre... Ah! mon Dieu, elle va me questionner sur le rôle que nous lui destinons; il va y avoir du tirage.

JEANNE.

Pourquoi donc?

ODETTE.

Chut! La voilà.

SCÈNE II.

JEANNE, ODETTE, MARIE.

MARIE.

(Elle jette à terre une brassée de feuillage et tombe sur un banc.)

Ouf! dix minutes d'arrêt, sans buffet, et je repars... On peut dire que je m'en donne un mal pour votre charade! Décoration de la salle, affiches, programmes, costumes, je suis chargée de tout!... M'avez-vous au moins réservé un joli rôle?

ODETTE, à part.

Nous y voilà... (A Marie.) Charmant.

MARIE.

Je l'aurai bien gagné, car, sans reproche, vous ne m'avez pas gâtée jusqu'à présent; les rôles ingrats dont personne ne se soucie, c'est toujours à moi qu'on les donne.

ODETTE.

Parce que tu as assez d'esprit pour les faire valoir, ma petite Marinette.

MARIE.

Oh! si tu m'appelles Marinette, c'est que tu as encore quelque corvée à me proposer... Voyons, aurai-je cette fois un rôle un peu... relevé?

ODETTE, riant.

Relevé? Oh! oui. Tu pourras même voler, planer, si cela te fait plaisir.

MARIE.

Bon! Vous comptez sur moi pour représenter l'aigle de Jupiter?

ODETTE.

Nous y avions pensé, mais ce n'est pas cela.

MARIE.

Alors, c'est le paon de Junon?

ODETTE.

Pas davantage... Voyons, devine, je vais te mettre sur la voie : tu seras l'être désiré, attendu avec impatience; et quand tu paraîtras, tu seras entourée, choyée, dévorée des yeux.

MARIE.

Ah! mon Dieu, qu'est-ce que tout cela veut dire!... L'être désiré, attendu... Oh! j'y suis! C'est un rôle de facteur.

ODETTE, riant.

Ma foi, tu ne croyais pas si bien dire. Mais un facteur céleste, divin, le messager des dieux, enfin, Mercure en personne! Si tu n'es pas contente!

MARIE.

Il y a vraiment de quoi! Un joli monsieur! Le dieu des voleurs!

JEANNE.

Tu te plais à dépoétiser son rôle; c'était aussi le dieu de l'éloquence.

ODETTE.

Songe donc que tu auras des ailes!

MARIE.

Oui, des ailes aux pieds... et aux oreilles... J'aurai l'air d'un hibou, d'un chat-huant.

JEANNE.

Tu réhabiliteras l'oiseau de nuit; il deviendra un oiseau d'heureux augure.

ODETTE.

Et puis, enfin, nous avons besoin de toi : au troisième acte, nous représentons l'Olympe avec ses dieux et ses déesses et nous ne pouvons nous passer de Mercure ; il faut te dévouer, ma petite Marinette.

MARIE.

S'il en est ainsi, j'accepte. Mais je me vengerai. On dit que la vengeance est le plaisir des dieux ; eh bien, je vous jouerai quelques mauvais tours : je donnerai à Junon les missives destinées à Jupiter et je mettrai le trouble dans le ménage. Après cela, vous vous en tirerez comme vous pourrez... Enfin, encore quatre ans, et je serai grande ! Et alors ce sera mon tour ; je me ferai servir, choyer, adorer.

ODETTE.

Tu n'as pas besoin d'attendre quatre ans pour cela, on t'adore déjà.

MARIE.

Oui, on m'adore parce que j'ai bon caractère et que je ne me fâche de rien.

JEANNE.

Tu as peut-être trouvé le vrai secret de te faire aimer.

MARIE.

Et vous, vous avez trouvé le secret de m'ensorceler... Si je me révoltais pourtant, qu'est-ce que vous diriez ?

ODETTE.

Nous dirions que tu n'es pas aimable. (Marie se promène de long en large, d'un air agacé.)

MARIE (à Odette d'un ton narquois.)

Et... c'est ta grande beauté qui t'a valu le rôle de Vénus?

ODETTE.

Ma grande beauté!... Non c'est la couleur de mes cheveux.

MARIE.

J'avais toujours cru que Vénus avait les cheveux blonds.

JEANNE.

Eh bien! certainement, d'un blond un peu ardent.

MARIE.

Mais pas filasse.

ODETTE, vexée.

Filasse! filasse!... Pourquoi me dis-tu des choses désagréables?

MARIE.

Il n'y a que la vérité qui fâche... la vérité sort de la bouche des enfants... puisque vous me traitez comme une enfant...

ODETTE.

Mon Dieu, que tu as le caractère grincheux!

MARIE.

Mon Dieu, que tu as l'esprit mal fait.

ODETTE.

Ayez donc une sœur cadette pour qu'elle vous traite ainsi!

MARIE.

Ayez donc une sœur aînée pour qu'elle prenne si mal vos intérêts en votre absence!

JEANNE.

Voyons, calmez-vous, calmez-vous... Ah! j'aperçois quelqu'un dans l'avenue. Quelle est cette dame qui vient là-bas?

ODETTE.

C'est miss Eva, notre institutrice; elle est ici soi-disant pour nous perfectionner dans la langue anglaise, mais c'est nous qui lui apprenons le français.

MARIE.

Et quel français! Odette s'amuse à l'induire en erreur, à lui apprendre les mots les plus baroques, les plus démodés... aussi elle a un vocabulaire!... La voilà, tu vas en juger.

SCÈNE III.

ODETTE, MARIE, JEANNE, MISS EVA.

MISS EVA (avec un accent très prononcé).

Bonjour, les petites jouvencelles! Je cherchais vous depuis longtemps. Je connaissais pas encore ce petit... comment dites-vous? Ce petit charmille? Cette petite bosquette?

ODETTE.
On dit : un bocage.

EVA.
Merci... très joli, cette petite bocage.

ODETTE, présentant Jeanne.
Ma cousine, mademoiselle Devilliers.

EVA.
Oh! je devinai vous sans savoir; vous avez le mine jovial comme miss Odette.

MARIE.
Vous trouvez que Jeanne a l'air jovial?

EVA.
Je dis peut-être mal; je voulais dire futée, polissonne.

ODETTE.
Oh! *schocking!!* Avez-vous bien dormi, Miss?

EVA.
Oh! *no*, très mal.

ODETTE, à Jeanne.
On a tiré un feu d'artifice au château de Beaupréau, et jusqu'à minuit, ça été un tintamarre!

EVA.
Oh! *yes*, je étais longtemps à le fenêtre pour voir les chandelles sur le château.

MARIE.
Les lampions, vous voulez dire?

EVA.
Oui, les lampions. Merci. Et puis les artifices ils

étaient *beautiful* quand ils montaient dedans le firmament. Mais quand le fusillade il a été fini, le petit lampion de ma chambre il était éteint et je étais dans le noir.

ODETTE.

Pourquoi n'avez-vous pas demandé de la lumière à Mariette?

EVA.

Il était beaucoup tard; je voulais pas réveiller le caméristé. Ah! j'oubliais, ce matin, il venait une petite monsieur demander vous.

ODETTE.

C'est sans doute M. Desforges. Eh bien, pourquoi ne nous avoir pas prévenus?

EVA.

Votre maman, il avait avalé de la poudre d'escampette; il était pas convenable à vous de recevoir des petites jouvenceaux quand le maman il est pas là.

MARIE.

Eh bien, et vous, Miss, vous pouvez bien nous servir de Mentor?

EVA.

Mentor, oh! il était le maître d'école de Télémaque; il pouvait boxer les petites jouvenceaux si les petites jouvenceaux il était pas sage; mais moi je suis une femme fragile, casuelle, je pourrais pas défendre vous, c'est moi qui serais boxée.

ODETTE.

Pourquoi nous défendre, Miss? En France, les jeunes gens sont fort bien élevés.

MARIE.

Ce n'est pas comme en Angleterre.

EVA.

Vous voulez fâcher moi; mais je avais la patience de l'archange; je répondrai pas à vous. (Elle se dispose à sortir.)

ODETTE.

N'oubliez pas, Miss, que la répétition est pour trois heures ; nous comptons sur vous.

EVA.

Je viendrai, je viendrai... Est-ce que je dois mettre moi en uniforme pour le répétition.

MARIE.

Certainement.

EVA.

Oh! je avais un drôle de chapeau; vous avez fait à moi une petite château pour mettre sur mon tête !

ODETTE.

C'est la coiffure de Cybèle; vous savez bien qu'on représente cette déesse avec une couronne surmontée de tours.

EVA.

Oui, oui, je sais : je mets le petite maison sur

mon tête. Je amusai beaucoup le compagnie. Bonjour, bonjour! (Elle sort.)

SCÈNE IV.

ODETTE, MARIE, JEANNE.

ODETTE, à Marie.

Je suis sûre que tu n'as pas commencé les programmes?

MARIE.

A quelle heure aurais-je pu y travailler? Depuis ce matin je n'ai pas eu une minute à moi : découper les affiches, coller la cuirasse de Minerve, broder la tunique de miss Eva, arpenter le bois pour trouver du lierre ; je ne me suis pas amusée un instant : toujours occupée, toujours pressée, toujours bousculée... Et on appelle ça des vacances!

ODETTE.

Enfin n'oublie pas les programmes ; il en faut trente-sept. (Elle sort.)

MARIE.

Seulement!!! j'en ai assez de leur charade.

JEANNE.

Tu es trop bonne, ce n'est pas moi qu'on ferait marcher ainsi!

MARIE.

J'ai bien souvent envie de me révolter, mais je vais te dire ce qui m'arrête : sais-tu ce qu'on entend par l'âge ingrat?

JEANNE.

Il est convenu de ranger dans cette catégorie les jeunes filles de douze à seize ans.

MARIE.

Eh bien, ma chère, j'y suis en plein!... Tu sais qu'on met sur le dos de l'âge ingrat toutes les infirmités physiques et morales dont nous pouvons être affligées : si une jeune fille est laide, gauche, un peu bossue, on dit : « Cela s'arrangera peut-être, elle est dans l'âge ingrat. » Si elle a un mauvais caractère, des lubies, c'est encore la faute de l'âge ingrat. Eh bien, je me suis promis de traverser cet âge terrible autrement que les autres... je suis sans doute laide, disgracieuse; j'ai peut-être le dos rond et la taille de travers, mais je ne veux pas qu'on m'accuse d'être désagréable. Quand j'étais petite, ma mère et ma sœur ont toujours été bonnes pour moi; c'est à mon tour d'être gentille et complaisante avec elles. On pourra dire que mon âge est ingrat, mais je ne veux pas qu'on le dise de mon cœur.

JEANNE.

Rassure-toi, on ne le dira jamais... Puis-je t'aider à faire ces fameux programmes?

MARIE.

Certainement.

JEANNE.

Eh bien, alors, à l'œuvre! (s'adressant au public) et tout à l'heure, répétition générale, à laquelle nous convions tous les spectateurs en réclamant toute leur indulgence. (Elles sortent.)

ACTE II.

SCÈNE I.

PAUL, JEANNE, ODETTE, DESFORGES, EVA.

Le théâtre représente un salon. Miss Eva, assise sur un fauteuil posé sur une petite estrade, représente Cybèle : elle est vêtue d'une tunique, la tête surmontée d'une couronne représentant une tour; elle n'a pas quitté son pince-nez. Odette, enveloppée d'une gaze bleue étoilée; Marie en Mercure, un caducée à la main; Paul en Jupiter; Jeanne en Junon.

PAUL.

Allons, Mesdemoiselles, en place!... Et tâchons d'obtenir un peu de silence... D'abord, sommes-nous au complet?

JEANNE.

Minerve n'est pas là; mais comme elle a un rôle muet, nous pouvons nous en passer.

ODETTE.

Alors il ne nous manque plus que M. Desforges.

PAUL, appelant.

Desforges! Desforges! On demande Desforges.

DESFORGES, sautant par la fenêtre.

Présent!

PAUL.

Ah! ce cher Vulcain, il nous tombe vraiment du ciel. Vous ne vous êtes rien cassé?

DESFORGES.

Mais non.

PAUL.

C'est dommage.

DESFORGES.

Comment, c'est dommage? En voilà une manière gracieuse de vous souhaiter la bienvenue!

ODETTE.

Ceci demande explication : nous jouons une charade et nous comptons sur vous pour faire le rôle de Vulcain qui s'est, comme vous savez, cassé la jambe en tombant du ciel.

DESFORGES.

Je n'ai jamais joué la comédie et je craindrais de ne pas vous être d'un grand secours.

PAUL.

Ah! mon cher, quand on s'appelle Desforges, on ne peut pas refuser de représenter le dieu des forgerons; c'est un nom prédestiné...

DESFORGES.

A toutes sortes de mésaventures que je préfère éviter.

ODETTE.

Ce n'est pas un plaisir que nous vous offrons, c'est un service que nous sollicitons de vous.

DESFORGES.

S'il en est ainsi, j'accepte. Seulement, mettez-moi au courant de la situation.

PAUL.

Voilà ! cette aimable société vous représente les dieux de l'Olympe. (Montrant miss Eva.) Miss Eva a bien voulu déguiser ses vingt-cinq printemps sous la forme vénérable de Cybèle, notre mère à tous.

EVA.

Vous voulez flatter moi ; les printemps ils étaient plus, beaucoup.

PAUL.

Mettons trente-six : c'est un terme vague, chacun appréciera. (Montrant Odette.) Avec un peu d'imagination, vous voudrez bien vous figurer Vénus sous la gaze étoilée qui enveloppe ma sœur.

DESFORGES, galamment.

L'imagination est inutile : mes yeux suffisent pour me donner cette illusion.

PAUL.

Tant mieux, car vous devez aspirer à sa main et présenter votre requête à Cybèle.

DESFORGES.

Mon rôle commence à me faire entrevoir des horizons fort agréables.

PAUL.

Si vous avez quelque missive à porter, voici

Marie, sous la forme de Mercure, qui vous servira de messager.

DESFORGES.

C'est à faire regretter l'invention des postes et des télégraphes.

PAUL, montrant Jeanne.

Je vous présente Junon, l'épouse un peu grincheuse que j'ai choisie ; car vous voyez en moi le maître des dieux. Inutile de vous dire que les costumes sont un peu fantaisistes : le climat et surtout les convenances nous interdisant les costumes du temps.

ODETTE.

Eh bien, si nous commencions.

PAUL.

A vos places, Mesdemoiselles : Mercure aux pieds de Cybèle ; Vénus et Junon égarées sous les orangers. (Il les place.) Maintenant, mon cher Vulcain, vous entrez pour faire votre demande.

DESFORGES.

Très bien ; c'est dommage que je ne sois pas en costume, ça me donnerait de l'aplomb... Enfin, allons-y gaîment! (Il sort et rentre de suite, boitant légèrement.) Salut, Cybèle et la compagnie! (Ils éclatent tous de rire.)

DESFORGES.

Eh bien, qu'est-ce que vous avez? Je croyais

que c'était une parodie, qu'il fallait jouer ça en charge...

ODETTE.

Mais pas du tout ; il faut parler le langage des dieux.

DESFORGES.

Ah ! il faut parler le langage des dieux ? Dites-le moi donc, c'est facile. (D'un ton solennel.)

Cybèle, Mère des Dieux, devant toi je m'incline !

PAUL.

Le vers est faux.

DESFORGES.

Ah ! vous êtes trop difficile ! Dans une improvisation, tout est permis. Ne m'interrompez plus, l'inspiration s'envolerait.

JEANNE.

Mercure courrait après, il a des ailes.

DESFORGES.

Merci, il me la chiperait.

MARIE.

Vous voyez bien que je passe pour un voleur.

PAUL.

Chut ! chut ! A la porte les bavards ! Recommençons.

DESFORGES.

O Cybèle, ô Vesta, devant toi je m'incline.

JEANNE.
Vous n'avez pas dit cela la première fois.
DESFORGES.
Si vous croyez que je me rappelle ce que j'ai dit tout à l'heure! Il est bien permis de faire quelques variantes.
ODETTE.
C'est que ça gênera ceux qui doivent vous répondre.
EVA.
Et puis, il ne fallait pas me dire toi.
DESFORGES.
Je vous demande pardon : on tutoyait les dieux, on les tutoie même encore en Angleterre. Je continue :

A tes sacrés genoux, je tombe en suppliant.

EVA.
Ah! *schocking!* Il ne faut pas jurer, ce était pas convenable.
DESFORGES.
Je ne jure pas, c'est au contraire très respectueux ce que je vous dis là. Je reprends :

Vénus a su trouver le chemin de mon cœur.

EVA.
Très joli, très joli!
MARIE.
J'ai oublié de goûter. Dieu que j'ai faim!

DESFORGES.

C'est une maladie de famille; vous tenez de vos grands-parents.

EVA.

Ah! *no,* je étais une toute petite mangeuse.

DESFORGES.

Oui, mais feu votre mari, grand-père Saturne qui dévorait ses enfants comme les lapins! Il fallait qu'il eût un fort appétit, ou bien vous lui faisiez une bien mauvaise cuisine.

MARIE.

Je ne pourrai jamais attendre le dîner, je défaille.

EVA.

Vous pas attendre longtemps : je disais à le valet de porter le *five o'clock* à 4 heures; il est exact, il fera pas manger à vous le petit bébé. (Elle rit.) Oh! très joli le expression; vous devez faire bravo à moi.

PAUL.

Je ne comprends pas.

EVA.

Je voulais faire à vous un petit mot pour amiouser : miss Odette apprenait à moi que quand on attendait longtemps une personne, on croquait le petit marmot.

PAUL.

Ah! c'est un jeu de mots?

EVA.

Oui je faisais jouer le expression.

PAUL.

Très joli, très joli! Voyons, Desforges, continuez et tâchez d'être sérieux.

DESFORGES.

C'est vous qui ne l'êtes pas : Mercure m'interrompt pour exprimer un désir qui est au-dessous de sa dignité.

MARIE.

Je m'en moque bien de ma dignité! (En parlant, elle fait un geste avec son caducée et l'approche de la figure d'Eva.)

EVA, effrayée.

Oh! quoi vous avez là? le petit serpent, il remue.

MARIE.

Je crois bien, c'est une anguille, mais elle est attachée.

EVA.

Oh! je pouvais jamais rester là; j'ai beaucoup peur des serpents, oh! je étais tout de suite malade.

DESFORGES.

Au secours! au secours! Grand'mère qui se trouve mal! Vite un petit verre d'ambroisie.

PAUL.

Il n'y en a plus dans le carafon. Bacchus a tout bu.

DESFORGES.

Il va bien, mon petit frère!... Eh bien alors un peu de cassis, une goutte de chartreuse, une larme de la famille Picon.

PAUL.

C'est Hébé qui a les clefs de la cave et elle est allée à la fontaine.

JEANNE.

Chercher de l'eau pour baptiser notre vin; elle nous sert toujours de l'abondance.

ODETTE.

Ma foi, M. Desforges avait une très bonne idée, c'était de jouer en charge; nous ne pourrons jamais être sérieux.

PAUL.

Pourquoi donc? Ça ira très bien quand nous aurons un peu répété.

JEANNE.

Ça n'ira jamais.

PAUL.

Ça ira!

ODETTE.

Je parie que non!

PAUL.

Je parie que si!

JEANNE.

Ce sera un fiasco complet.

PAUL.

Grâce à vous, à votre mauvaise volonté !

ODETTE.

Ça va dégénérer en querelle comme la dernière répétition.

EVA.

Moi le grand maman, je disais silence ! (A Desforges.) Voulez-vous continuer le scène ?

DESFORGES.

Je ne demande pas mieux. Où en étions-nous ?... Ah ! oui, je venais vous demander la main de Vénus. (Déclamant.)

Pour décider Jupin j'implore votre appui.

EVA.

Qu'est-ce que c'est Jupin ? je connaissais pas.

DESFORGES.

C'est papa, Jupiter, votre fils.

EVA.

Oh ! oui, j'avais oublié.

DESFORGES.

Eh bien, répondez-moi. Voyons, grand'mère, un petit mot d'encouragement, une petite phrase bien sentie.

EVA, déclamant.

Je veux bien aider vous... je parlerai pour toi.

PAUL.

Bravo, Miss, bravo !

DESFORGES, déclamant.

Je tremble... mille obstacles se dressent devant moi.

ODETTE.

A la bonne heure, ça rime.

DESFORGES.

Dans ma propre famille, je sens des ennemis.

EVA.

Ton cœur il est ingrat, tu n'as que des amis.

DESFORGES.

Mon oncle, le bouillant, l'intrépide guerrier.

JEANNE, s'avançant.

Tu te trompes, Vulcain, il est invulnérable.

EVA.

Dans ton œil mon petit, tu avais mis ton pouce.

(Ils éclatent tous de rire.)

DESFORGES.

Ah! elle est bonne celle-là!

EVA.

Pourquoi vous riez? Miss Odette, elle disait à moi que c'était le manière choisie, distinguée, pour dire qu'on se trompe. (Ils continuent à rire.) Mais je étais pas contente si vous moquez comme ça, je joue plus avec vous. Bonsoir, je m'en aller?
(Elle sort en claquant la porte.)

SCÈNE II.

Les mêmes, moins MISS EVA.

ODETTE.

La voilà fâchée, elle ne reviendra plus.

PAUL.

C'est de ta faute : pourquoi lui apprends-tu des expressions aussi ridicules?

ODETTE.

Quand les choses vont de travers, c'est toujours sur mon dos que ça retombe.

MARIE.

Et sur le mien; je suis chargée de tout : décoration de la salle, costumes, affiches, programmes, et le reste! Et pour me remercier, des reproches, des sottises! Oh! j'en ai par-dessus les ailes!

DESFORGES.

Mais enfin quel est donc le mot de la charade?

ODETTE.

Comment vous n'avez pas deviné? C'est Cybèle.

DESFORGES.

Ah! je n'aurais jamais trouvé. Mais vous pouvez retourner le mot et tout le monde devinera : Une belle scie! C'est assez cela.

PAUL.

Dites donc, vous n'êtes guère aimable.

DESFORGES.

Vous ne l'êtes pas davantage quand vous me dites que mes vers sont mauvais.

PAUL.

Il n'y en a pas un qui tienne debout; ils boitent autant que leur auteur.

DESFORGES.

On vous en fera des alexandrins au milieu d'un brouhaha pareil!... Et puis personne pour me donner la réplique! Vous étiez tous là comme des niais à m'écouter.

PAUL.

Vous pourriez au moins être poli pour ces demoiselles!

DESFORGES.

Tenez, voulez-vous me permettre de faire une proposition? j'ai trouvé un moyen qui mettrait tout le monde d'accord : qu'est-ce que vous diriez d'une grande affiche sur laquelle on lirait en grosses lettres : Relâche!

ODETTE.

Je l'applaudirais.

JEANNE.

Moi aussi.

PAUL.

Eh bien, et les amis que nous attendons dimanche et qui comptent sur cette fameuse représentation?

DESFORGES.

On leur offrira un autre divertissement : une fête champêtre, une tombola.

TOUS.

Bravo! Bravo!

DESFORGES.

D'ici à dimanche, ces demoiselles, de leurs doigts de fée, confectionneront des merveilles pour les lots de la tombola; nous, nous chercherons dans nos cartons quelques chefs-d'œuvre méconnus jusqu'ici que nous offrirons aux gagnants.

MARIE.

Et miss Eva, qu'est-ce que nous en ferons?

DESFORGES.

Nous la mettrons en loterie, ce sera le gros lot de la tombola.

PAUL.

Vive Desforges!

ODETTE.

A bas la charade!

DESFORGES.

Et le soir bal champêtre : les dieux et les déesses se livreront sur la pelouse à une sarabande effrénée, éclairée par les lanternes vénitiennes et les feux de Bengale.

TOUS.

Bravo! Bravo!

DESFORGES.

La fête se terminera par un feu d'artifice et une retraite aux flambeaux. Est-ce dit?

TOUS.

C'est dit! C'est dit!

DESFORGES.

En route pour les préparatifs! Toute la troupe va se retirer en bon ordre sous ma direction.

(Le piano entonne le chœur des guerriers de Faust et ils se retirent en chantant.)

LA DEVISE

DU GRAND-PÈRE MATHIEU

PROVERBE

LA DEVISE
DU GRAND-PÈRE MATHIEU

PROVERBE

PERSONNAGES { PIERRE, fermier,
CLAUDINE, sa femme.
JEAN, leur fils, 10 ans.

La scène se passe dans une salle de ferme, très simple, mais bien tenue.

SCÈNE I.

CLAUDINE, seule. (Elle met le couvert.)

Voilà aujourd'hui dix ans que nous sommes entrés en ménage ; et grâce au travail et à la bonne conduite de mon Pierre, et un peu, aussi, grâce à la ménagère (en se montrant) que voici, nous sommes riches aujourd'hui, ou du moins en bonne voie pour le devenir... Quand nous nous sommes mariés, nous ne roulions pas sur l'or : Pierre apportait en dot trois arpents de terre et deux bons bras ; moi un petit trousseau, une bonne santé et puis... c'était tout !... A cette époque, mon grand-père Mathieu vivait encore, mais il était bien vieux et bien cassé, le pauvre homme !... Cependant il avait encore toute sa tête et la veille de notre mariage, il nous fit appeler... Je le vois encore, se soulevant sur son lit pour nous bénir et nous faire ses dernières recommandations :

« Écoutez-moi bien, mes enfants, nous dit-il, et retenez ce que je vais vous dire : pour être au courant de ses affaires, il ne faut jamais dépenser tout ce que l'on gagne. Vous aurez sans doute de bonnes années où la récolte sera abondante et vous indemnisera largement de vos peines ; mais il faut calculer avec les mauvais jours ; et dame, gare la grêle !... Je suis vieux, et j'en ai vu de ces récoltes qui promettaient une riche moisson détruites en quelques heures par un orage. Il faut donc vous arranger pour mettre de côté chaque année cent francs au moins : quand l'année sera bonne, ce ne sera pas difficile ; quand elle sera mauvaise, vous vous priverez un peu et vous travaillerez davantage. Mais la tirelire doit passer avant tout ! »

On l'écoutait comme un oracle, le grand-père ! aussi nous avons promis de suivre ses conseils ; et pour rien au monde, nous n'aurions manqué à notre promesse... Eh bien, nous avons prospéré : notre basse-cour est aujourd'hui la plus belle du pays et nous fournissons du lait à tous les environs; nous avons du beau linge dans l'armoire et 2,000 francs d'avance!... On n'est pas fier pour ça, mais on est tout de même content quand on pense qu'on a gagné cette petite aisance par son travail... Ah ! voilà mon Jean qui ramène les vaches... dépêchons-nous de mettre le couvert.....

SCÈNE II.

CLAUDINE, JEAN.

JEAN.

Dieu, que ça sent bon ici. Ça sent la galette.

CLAUDINE.

Ah, petit gourmand, il n'y a pas moyen de te faire une surprise... Regarde donc si elle ne brûle pas.

JEAN, regardant dans le four.

Ah, mon Dieu... Une, deux, trois, quatre, cinq galettes!... Mais nous ne mangerons jamais tout cela.

CLAUDINE.

Eh bien, et les voisins?... Cette pauvre mère Jacqueline qui est sourde, aveugle et infirme; on ne sait plus que faire pour lui procurer quelque satisfaction; et quand on lui porte une friandise, c'est encore pour elle une petite fête... Et les orphelins de la grange?... Puisqu'ils n'ont plus de mère pour les gâter, il faut bien penser à eux... Les orphelins, ce sont les enfants de tout le monde!... Et monsieur le curé qui arrive toujours chez les malheureux les mains pleines et qui en sort les mains vides, il est bien juste qu'on ne l'oublie pas puisqu'il s'oublie pour les autres.

JEAN.

Tu es bonne, ma mère chérie; quand je serai riche, je ferai comme toi, je donnerai beaucoup à ceux qui n'auront rien.

CLAUDINE.

Tu ne seras sans doute jamais bien riche, mon petit Jean; mais on l'est toujours assez pour faire un peu de bien et plaisir aux malheureux.

JEAN.

Ah! mais si, je serai riche! Et alors je te gâterai autant que tu auras gâté les autres: je te donnerai de belles robes et je t'installerai avec papa dans une jolie maison où vous serez comme des coqs en pâte.

CLAUDINE.

C'est bien gentil à toi; mais vois-tu, dans notre métier, on ne fait pas fortune si vite que ça et il faut travailler longtemps avant de penser à se reposer.

JEAN.

C'est bien pour ça que je n'en veux pas de ce métier-là! Il faut toute sa vie bêcher, labourer, semer, récolter pour arriver, après bien des années, à avoir tout juste de quoi vivre.

CLAUDINE.

Qu'est-ce que tu veux donc faire?

JEAN.

Je ne suis pas encore bien décidé, mais j'ai en vue un beau métier, un métier bien calme, bien tranquille et dans lequel on gagne de l'argent gros comme soi!

CLAUDINE.

Qu'est-ce que c'est que ce beau métier-là!

JEAN.

Épicier!

CLAUDINE.

Épicier?

JEAN.

Oui. Tu connais bien Lucas, l'épicier qui est établi dans la grande rue depuis cinq ans. Eh bien, on dit qu'il a déjà fait fortune et qu'il va se retirer l'année prochaine avec des rentes. C'est ça un chic métier!

CLAUDINE.

Je ne veux pas dire de mal de mes voisins;

mais vois-tu, mon Jean, pour gagner honnêtement une fortune, il faut plus de cinq ans. Si on fait de si gros bénéfices, c'est aux dépens des autres, et l'argent mal gagné porte malheur!... Et puis il faut être charitable et Lucas est dur pour le pauvre monde : il refuse à un enfant un peu de sucre pour un malade et ne ferait pas la charité d'un morceau de pain à un vieillard... Il faut être économe, mais il ne faut pas non plus être avare et ne penser qu'à soi. Ceux qui travaillent et qui ont le bonheur de réussir doivent en remercier Dieu qui a béni leurs efforts et avoir pitié des malheureux. La misère n'est pas toujours le résultat de la paresse; elle est quelquefois la conséquence de la mauvaise chance ou de la maladie.

JEAN, pensif.

C'est bien possible.

CLAUDINE.

Ce n'est pas tout de s'enrichir; il faut aussi se faire aimer et estimer de ceux qui nous entourent... Eh bien, crois-tu que Lucas soit très aimé dans le pays?

JEAN.

Oh! pour ça non!

CLAUDINE.

Et pourquoi n'est-il pas aimé?

JEAN.

Parce qu'il vend très cher de la mauvaise marchandise et qu'il ne fait jamais crédit aux malheureux.

CLAUDINE.

On pense aussi qu'il s'enrichit trop vite pour que ce soit honnêtement. Écoute-moi, mon Jean : tu n'as pas connu le grand-père Mathieu qui était berger; c'était un brave homme et un peu plus savant que nous autres. Il nous donnait souvent des conseils et nous nous sommes toujours bien trouvés de les suivre... Dès que j'ai su tenir une aiguille, il a voulu que je commence mon trousseau : « Ce n'est pas la veille d'entrer en ménage, disait-il, qu'il faut s'y prendre. Regarde les oiseaux : dès que le printemps arrive, on les voit occupés à construire le nid qui doit plus tard abriter leur couvée. Vois cette fauvette : elle va quêtant à droite, à gauche, un brin de paille, un petit crin, de la mousse, de l'herbe sèche. Que de recherches, que de voyages il lui faut faire pour accomplir son œuvre! Et ce n'est qu'à cette condition que sa demeure sera solide et à l'abri du vent et des orages. Si elle était faite sans toutes ces précautions, elle ne résisterait pas à un coup de vent... Eh bien, c'est une leçon que Dieu nous donne et un exemple qu'il nous faut suivre : n'allons pas trop vite en besogne si nous voulons que nos maisons ne s'écroulent pas et que nos fortunes soient assises sur des bases solides. » Voilà ce qu'il disait, grand-père Mathieu... Mais il me semble que j'entends ton père.

SCÈNE III.

CLAUDINE, JEAN, PIERRE.

PIERRE.

Ah le voleur! Ah le bandit!

CLAUDINE.

A qui en as-tu, mon Dieu?

PIERRE.

Il y en a un remue-ménage dans le pays! Vous n'entendez pas les cris de tous ces gamins qui sont ameutés dans la grande rue?

CLAUDINE.

Qu'est-ce qu'il y a donc?

PIERRE.

Il y a que des inspecteurs ont fait une descente chez Lucas et qu'on a saisi de faux poids dans sa boutique. Comme il n'est guère aimé, tout le pays est contre lui et on jette des pierres dans ses carreaux.

CLAUDINE.

Il n'a que ce qu'il mérite!

JEAN, voulant sortir.

Je vais aller voir ça.

PIERRE, le retenant.

Non, mon Jean, il ne faut pas se réjouir du malheur des autres. Il est coupable, mais sa famille est bien à plaindre ; c'est la honte en même temps que la misère : il va être condamné à une forte amende, et peut-être à la prison.

JEAN.

Tu avais bien raison, ma bonne mère... Je ne veux plus me faire épicier.

CLAUDINE.

On peut être épicier et faire honnêtement son métier.

JEAN.

Oui, mais alors on ne gagne pas plus que les autres... Décidément, j'aime mieux rester avec vous : j'apprendrai le métier de mon père et je l'aiderai tant qu'il voudra travailler. Quand il sera vieux et fatigué, je prendrai sa place et je tâcherai de faire aussi bien que lui. Et pour ne jamais oublier tes recommandations, ma bonne mère, j'écrirai au-dessus de mon lit la devise du grand-père Mathieu :

Petit à petit, l'oiseau fait son nid.

UNE DOUBLE CONVERSION

COMÉDIE EN UN ACTE.

UNE DOUBLE CONVERSION.

COMÉDIE EN UN ACTE.

PERSONNAGES
- Juliette Berville, 17 ans.
- Louise, sa sœur, 15 ans.
- Emma Flaubert, 22 ans.
- Marcel Crapelet, 34 ans.

La scène se passe à la campagne chez M. Berville. Le théâtre représente un salon.

SCÈNE I.

Juliette travaille à l'aiguille, Emma feuillette un livre, Juliette pose son ouvrage; elle semble soucieuse et absorbée.

JULIETTE.

C'est donc bien intéressant ce traité de *micologie?*

EMMA.

Toujours autant que notre conversation.

JULIETTE.

Je ne vois vraiment pas quel intérêt tu peux

prendre à cette nomenclature des différentes familles de champignons !

EMMA.

Oh, cette lecture ne me passionne pas; et si j'ai paru m'y attacher, c'était uniquement pour te faire sortir de ton mutisme. Je ne te reconnais pas... toi qui habituellement chantes et ris du matin au soir, tu es depuis ce matin d'une gravité qui tourne au tragique.

JULIETTE.

Ah, c'est fini, les chansons!... Bonsoir la gaieté! Adieu les beaux jours!

EMMA.

Ah, mon Dieu, mais tu deviens lugubre!

ALICE.

On le serait à moins!

EMMA.

Voyons, ma petite Juliette, confie-moi tes peines... Ne suis-je plus ton amie, ta sœur?

JULIETTE, se levant brusquement.

Ma sœur! Il ne me manquerait plus que cela!... je n'aurais plus alors qu'à aller me jeter à l'eau.

EMMA.

Pourquoi me dis-tu cela?... T'ai-je offensée sans le vouloir?

JULIETTE.

J'ai déjà trois sœurs, il me semble que c'est suffisant!... (Elle s'assied avec découragement.) Ah, les nombreuses familles!

EMMA, s'approchant d'elle.

Juliette! Je t'en supplie, ouvre moi ton cœur... tu sais combien je t'aime.

JULIETTE.

Oui, tu m'aimes, n'est-ce pas?... Je puis donc être aimée!... Je ne suis pas une méchante fille qu'on ne cherche qu'à éloigner de soi!

EMMA.

Mais vraiment tu ne parles que par énigmes. De grâce, explique-toi, tu me tortures.

JULIETTE, se levant.

Eh bien oui; je vais tout te dire, cela me soulagera. Hier soir, j'étais restée assez tard accoudée à la fenêtre de ma chambre; mes parents, assis sous la vérandah, causaient avec animation et par moments, leurs voix arrivaient jusqu'à moi. Ma mère semblait émue, suppliante, et mon père d'assez mauvaise humeur. Tout à coup, d'une voix brève, il s'écrie : « enfin, ma chère enfant... » Il faut te dire que quand papa appelle maman « sa chère enfant » c'est que ça ne va pas tout droit... il adopte ainsi certaines épithètes qui en disent très long. Quand il m'appelle : « sa chère petite » c'est comme s'il me disait : « tu vas recevoir un savon! » On sent que l'orage est proche, c'est l'éclair qui annonce le coup.

EMMA.

Je crois que les orages ne sont jamais bien effrayants.

JULIETTE.

J'entends donc papa prononcer distinctement ces paroles : « Enfin, ma chère enfant, ce sera toujours une de casée! » J'ai cru d'abord qu'il s'agissait d'une liasse de papiers; papa est en train de déménager sa bibliothèque et il a de la peine à caser toutes ses paperasses dans sa nouvelle armoire. Mais il a ajouté : « il nous en reste encore trois, c'est suffisant! »

EMMA.

Il parlait sans doute des petites vaches bretonnes; ta mère disait hier qu'il voulait s'en défaire.

JULIETTE.

Je l'ai cru aussi; mais il a dit ensuite d'un ton qui n'admettait pas de réplique : « je désire que demain au plus tard, elle soit prévenue de nos projets. » On ne fait pas part à une vache de ses projets!

EMMA.

C'est difficile.

JULIETTE.

Toute la nuit, cette maudite phrase m'a trotté par la tête et j'en suis arrivée à cette conclusion que c'est de moi qu'il s'agissait : nous sommes quatre sœurs; ôter 1 de 4 reste 3, c'est clair!...

Mais qu'est-ce que j'ai fait à papa pour qu'il désire se débarrasser de moi?... Je ne suis pourtant pas gênante!... (Sa voix s'altère.) S'il a besoin de ma chambre pour mettre ses livres, qu'il la prenne, ça m'est égal de coucher dans une autre... qu'on me mette au grenier si l'on veut... je reprendrai mon lit de petite fille... en me mettant en biais ou en colimaçon, je tiendrai encore dedans, mais je ne veux pas m'en aller.

EMMA.

Voyons, ma chérie, ne te monte donc pas la tête ainsi; je ne vois pas en quoi cela peut te blesser. Il s'agit tout simplement d'un mariage pour toi.

JULIETTE.

Je le pense bien et c'est pour cela que je suis au désespoir... Je ne veux pas me marier. Songe donc que je n'ai que seize ans!

EMMA.

Dix-sept.

JULIETTE.

Es-tu sûre?... Attends, calculons : je suis née en 1872, le 22 mai.

EMMA.

Eh bien, tu as dix-sept ans.

JULIETTE, s'asseyant d'un air accablé.

C'est vrai.

EMMA.

Et tu ne te doutes pas sur qui tes parents ont jeté leur dévolu?

JULIETTE.

Pas du tout... Nous ne recevons ici qu'un vieux notaire qui a soixante-dix ans et monsieur le curé; ce n'est évidemment ni l'un ni l'autre.

EMMA.

C'est probable.

JULIETTE.

Il est bien venu ici il y a quelques mois un lieutenant de cuirassiers, le fils d'un ami de mes parents, mais un jour que je parlais de ses moustaches, (il avait des moustaches superbes!) mon père m'a dit qu'il avait englouti toute sa fortune dans je ne sais plus trop quoi; mais ce n'était sûrement pas dans des œuvres de bienfaisance.

UN DOMESTIQUE entre.

Monsieur prie Mademoiselle de passer dans son cabinet (Il sort.)

JULIETTE.

Ah, ma chère, il n'y a plus de doute possible... Mon Dieu, que je suis malheureuse... (Fausse sortie.) Je te retrouverai ici, n'est-ce pas?

EMMA.

Oui, ma chérie, je t'attends et je vais faire

des vœux pour que tu reviennes consolée. Bon courage?

(Juliette sort.)

SCÈNE II.

EMMA, seule.

Pauvre Juliette! Elle prend cela au tragique!... Il n'y a pourtant pas de quoi... un mari en perspective... ça n'assombrit pas beaucoup l'horizon... ça peut même l'égayer si le mari est gentil... Je vais, en l'attendant, travailler à la broderie dont je veux lui faire la surprise... (Elle cherche dans un panier à ouvrages.) Ah, je l'ai oubliée dans ma chambre... Alors prenons un livre... (Elle feuillette quelques brochures éparses sur la table.) C'est qu'il n'y a rien d'intéressant dans tout cela... traité de philosophie! C'est trop sérieux... traité d'hygiène! Je n'en ai pas besoin, je me porte à merveille... Je vais en être réduite comme ce matin à parcourir ce traité de micologie!... (Elle ouvre un livre.) Quels noms baroques! Les pilulœformis! Les pateriformis! Les infundibuliformis!... Quelle mémoire il faudrait pour se rappeler tout cela!... (Elle écoute.) Ah, il me semble que j'entends des pas dans l'escalier... c'est sans doute Juliette qui revient... Elle chante...

c'est bon signe!... (Elle écoute) Non, c'est la voix de Louise...

(Louise entre.)

SCÈNE III.

EMMA, LOUISE.

EMMA.

Bonjour, Louisette, est-ce que tu n'as pas rencontré ta sœur.

LOUISE.

Laquelle?

EMMA.

Juliette.

LOUISE.

Je l'ai croisée tout à l'heure dans le vestibule... elle paraissait fort agitée; je lui ai demandé où elle allait, elle ne m'a pas répondu.

EMMA.

Elle était, en effet, fort émue.

LOUISE.

A quel propos?

EMMA.

Ton père l'a fait demander; elle se figure qu'il est question d'un mariage pour elle et cette perspective ne paraît pas lui sourire.

LOUISE.

Elle ne sourirait à personne ici, car nous adorons Juliette et nous ne sommes pas encore faits à la pensée d'en être, un jour, séparés.

EMMA.

Tôt ou tard, il faudra pourtant en arriver là!

LOUISE.

Oui, mais le plus tard possible... Et quel est le prince charmant qui veut nous enlever notre sœur?

EMMA.

Je n'en sais rien et Juliette n'en sait pas plus que moi. Est-ce qu'il n'y a pas dans les environs quelque jeune châtelain à qui tes parents auraient pu penser?

LOUISE.

Je n'en vois aucun : le domaine de Villedieu appartient à une vieille dame qui vit toute seule avec ses domestiques. Au château de Bourgis, il y a comme ici quatre filles à marier et les Dupré n'ont qu'un fils qui n'a pas encore vingt ans.

EMMA.

Alors il faut attendre le retour de Juliette pour avoir quelque indice sur le personnage mystérieux qui veut s'introduire dans votre famille.

LOUISE, écoutant.

Ah j'entends la voix de mon père... on descend l'escalier... (Elle ouvre la porte.) C'est elle!

SCÈNE IV.

Les mêmes, JULIETTE.

EMMA, avec empressement.

Eh bien?

JULIETTE.

Eh bien, je vous le donne en mille !

LOUISE.

Alors ce serait trop long à deviner; dis-nous le bien vite.

JULIETTE.

C'est le vétérinaire.

EMMA.

Le vétérinaire?

JULIETTE.

Oui, mes enfants, le vétérinaire ; le médecin des bêtes, des arbres, des vignes, des pommes de terre, des sauterelles ; ce monsieur qui voit des ennemis partout, des maladies partout, des microbes dans tout, des champignons sur tout !

EMMA.

Quel est ce Monsieur?

LOUISE.

C'est l'ami de M. Dupré, un de nos voisins de campagne; il est venu l'année dernière pour visiter nos vignes qu'on supposait atteintes du phylloxera.

JULIETTE.

Et depuis qu'il est venu, le phylloxera qu'on redoutait seulement, fait des ravages épouvantables ; c'est certainement lui qui l'a apporté.

EMMA.

Ce n'est pas probable... Mais enfin quelle est sa profession ?

JULIETTE.

Il fait de l'en... ah c'est un nom si baroque ! de l'anto... de l'anthro... de l'anthropophagie.

EMMA, riant.

Oh ça, je ne crois pas. C'est peut-être de l'entomologie ?

JULIETTE.

Quelque chose comme ça. Un nom très long qui finit en i.

LOUISE.

Il fait aussi de la cryptogamie.

JULIETTE.

Ah oui, il a une idée fixe : les champignons ; il en voit partout : sur les arbres, sur les feuilles, sur les fleurs, sur les fruits. Pour ceux qui n'aiment pas les champignons, c'est à vous dégoûter de tout. Depuis qu'il a mis les pieds ici, je ne mange pas une fraise sans craindre d'y découvrir des cryptogames microscopiques ; je ne respire plus le parfum d'une rose sans penser que je vais aspirer des insectes minuscules et je me vois déjà ornée d'un nez comme celui du père Mathieu.

LOUISE.

Je crois que ce n'est pas le microbe de la rose qui a prospéré sur le nez du père Mathieu.

JULIETTE.

Je ne bois plus un verre de cette eau si limpide de la petite source sans penser que des myriades de serpents et de grenouilles vont grossir dans mon estomac. Enfin ce monsieur trouble mon eau, dépoétise mes fleurs, me dégoûte des fruits que j'adore... Il faut qu'il ait des quantités de microbes et de champignons dans le cerveau pour en voir partout... Et dire que mes parents songent à me le faire épouser!

EMMA.

Mais, ma chère, c'est ce qu'on appelle un savant, C'est une belle chose que la science!

JULIETTE.

Oh, si la science doit détruire toutes mes illusions, me faire trouver repoussant ce que j'ai admiré jusqu'ici, j'aime mieux ne pas la connaître. Je préfère l'ignorance qui ne soupçonne pas le mal ou la science du beau qui me souligne des beautés que je n'avais pas remarquées.

EMMA.

La science ne ferait aucun progrès s'il n'y avait pas de savants.

JULIETTE.

Enfin, c'est peut-être un mal nécessaire... le bourreau aussi est nécessaire, mais on n'épouse pas le bourreau !... Qu'ils se marient entre eux, les savants ! Aujourd'hui où beaucoup de femmes sont médecins, chimistes, physiciennes, mathématiciennes, il ne doit pas leur être difficile de trouver des compagnes qui comprennent leur grimoire ; mais qu'ils laissent tranquilles les pauvres petites jeunes filles qui ne demandent qu'à savoir lire et écrire et à aimer leurs maris.

EMMA.

Tu parles à tort et à travers comme une enfant que tu es.

JULIETTE.

Et puis, c'est un vieillard ! Comme je me récriais sur son âge, papa me dit : « mais, ma chère petite, il n'a que 34 ans. » 34 ans ! seulement ! Le double de mon âge !

LOUISE.

Alors quand tu auras 30 ans, il en aura 60.

JULIETTE, riant.

Non, mais enfin il pourrait être mon père.

EMMA.

Est-il bien physiquement? Brun ou blond?

JULIETTE.

Oh je n'en sais rien, je l'ai si peu regardé... Je n'ai jamais vu que l'ensemble qui est grotesque : quand tu apercevras une jaquette trop courte pour un buste trop long, un pantalon trop long pour deux jambes trop courtes, une grande boîte de fer blanc ballottant sur le dos, le tout surmonté d'un immense chapeau qui a la forme d'un champignon, ce sera lui!

LOUISE.

Le portrait n'est pas flatté.

JULIETTE.

C'est une photographie.

EMMA.

Et où voit-on l'original?

JULIETTE.

Tous les matins, dans la petite garenne qui longe la prairie.

EMMA.

Mais c'est au bout du monde.

JULIETTE.

C'est un peu loin, mais ça vaut le voyage. La semaine dernière, j'étais allée dans ce bois pour y faire un bouquet; je le rencontre, il me propose de m'aider à cueillir des fleurs et le voilà quêtant comme un chien de chasse, à droite et à gauche.

EMMA.

Eh bien, c'était très aimable de sa part.

JULIETTE.

Attends donc, tout à coup il s'écrie : « ah, Mademoiselle, des digitalis admirabilis! » Je m'élance enchantée, espérant tomber dans un champ de digitales... la terminaison en is m'étonnait bien un peu, mais comme il a l'habitude d'estropier tous les noms, je pensais qu'il écorchait celui-là comme tant d'autres. J'arrive tout essouflée et je le trouve accroupi au milieu d'un champ de mousse et en extase devant quelque chose d'informe. Enfin il se relève et me tendant un horrible champignon : « tenez, Mademoiselle, c'est un cryptogame des plus curieux : le digitalis, de la famille des agaricinés, genre glabrati, dépourvu d'écailles et de granules micacés... » Qu'est-ce que ça peut me faire que ce cryptogame soit dépourvu de granules micacés?

EMMA.

C'est peut-être une espèce rare dans notre pays.

JULIETTE.

Tant mieux si c'est une espèce rare; il n'aurait qu'à lui prendre fantaisie d'en porter à la cuisine. Dernièrement il avait donné un panier de champignons à la cuisinière; elle en a mis dans tous les plats. J'avais si peur de m'empoisonner, que je n'ai pas dîné ce jour-là. Ah, c'est un homme dangereux!

LOUISE.

On dit qu'il distingue très bien les mauvais champignons des bons.

JULIETTE.

Ce sont toujours ceux qui croient s'y connaître qui s'empoisonnent, ou plutôt qui empoisonnent les autres, car ils les essayent sur leurs voisins. Lui n'en mange jamais... parce qu'il s'en méfie... Sais-tu quelle gracieuseté il m'a faite : il a découvert un champignon bossu, biscornu, de l'espèce la plus vénéneuse et qui, paraît-il, n'était pas encore classé. Il a pensé m'être agréable en lui donnant mon nom.

EMMA.

Comment ton nom?

JULIETTE.

Oui, c'est maintenant la Julietta Difformibus. Comme c'est flatteur! Marraine d'un champignon!... Et si tu voyais la touche de ma filleule!

EMMA.

Mais c'est un grand honneur qu'il t'a fait là.

JULIETTE.

Je pourrais être flattée d'être marraine d'une rose, d'une fleur, mais avoir pour filleule une espèce de monstre aussi laid que malfaisant!... il n'y a que lui pour avoir des idées pareilles!... Et puis, ne soutenait-il pas à maman qu'il devait descendre du singe, et le même jour il avait découvert que nous étions cousins. Qu'il parle pour lui! Si ça lui fait plaisir d'avoir pour ancêtres des gorilles ou des chimpanzés, qu'il en ait! Tous les goûts sont dans la nature.

(Elle chante.)

> Oui, d'après lui, le singe est notre père,
> La terre n'est qu'un champ de champignons.
> Les microbes voilà ce qu'il vénère,
> Les jacinthes ne sont que des oignons.
>
> Mes filles se changeraient en morilles
> Si j'épousais cet horrible savant,
> Et mes garçons deviendraient des gorilles!
> Plutôt la mort et plutôt le couvent!

EMMA.

Cette croyance peu chrétienne à une métamorphose progressive est celle de savants éminents.

JULIETTE.

J'aime mieux croire à la création poétique de la Bible et je ne veux pas qu'on ébranle ma foi... Et puis, s'il descendait du singe, il serait plus malin et plus adroit; il m'a paru d'une gaucherie choquante... Je croirais plutôt que c'est un champignon perfectionné, cela expliquerait sa toquade.

EMMA, riant.

En tous cas, il serait très perfectionné... Et à quel nom répond cette espèce de cryptogame?

JULIETTE.

M. Crapelet, ce qui évidemment veut dire petit crapaud. Nous vois-tu entrer dans un salon où l'on annonce! : « Monsieur et Madame... » Non, je n'épouserai jamais cet homme-là! J'aimerais mieux entrer aux Carmélites!

EMMA.

J'espère que tu n'en seras pas réduite à cette extrémité, tes parents ne te forceront pas à une alliance qui n'est pas dans tes goûts.

JULIETTE.

Mon père ne voit rien au-dessus de la science, et par conséquent des savants... Je vais avoir des luttes terribles à soutenir... Enfin je n'ai plus d'espérance qu'en toi; tu m'as dit souvent que je pouvais compter sur ton affection, c'est le moment de me le prouver.

EMMA.

Si mon concours peut t'être utile, je me mets de grand cœur à ta disposition; mais je ne vois vraiment pas en quoi je puis te servir.

JULIETTE.

C'est bien simple : en épousant M. Crapelet.

EMMA.

L'épouser!... ah! tu trouves cela simple!... Et puis vraiment, tout ce que tu m'en as dit n'est pas engageant.

JULIETTE.

Puisque tu adores les savants, c'est ton affaire.

EMMA.

D'abord, je n'adore pas les savants ; et puis il y a savant et savant... et le portrait que tu m'as fait de celui-là ne me donne pas envie de connaître l'original.

JULIETTE.

Songe donc que ses travaux lui ouvrent à deux battants les portes de l'Institut. A son âge, c'est superbe !

EMMA.

Tu me le représentais tout à l'heure comme un vieillard.

JULIETTE.

Comme mari, il est un peu mûr ; mais pour l'Institut, c'est un enfant ; au surplus, nous n'avons pas le temps de discuter ses mérites ; résumons-nous : c'est un piocheur, une intelligence d'élite qui peut arriver à tout ; il attachera certainement son nom aux plus grandes découvertes, et...

EMMA, l'interrompant.

Et tu regretteras un jour de ne l'avoir pas épousé.

JULIETTE

Oh ! non, je n'ai pas tant d'ambition que cela : je veux un mari gai, aimable ; un mari qui me parle plus français que latin ; un mari qui, dans un joli papillon voltigeant au-dessus des fleur[s] pour en pomper le suc, ne me montre pas un[e] vilaine chenille qui rampe sur les plantes pour le[s] dévorer. Qui ne me transforme pas ces gracieuse[s] libellules aux ailes diaphanes en de vilaines larve[s] qui habitent les eaux croupies. Qui me laisse admirer une fleur sans en arracher les pétales pou[r] m'en expliquer la structure. Enfin, qui ne dépoétis[e] pas tout ce qui m'enchante. Oh, ma petite Emma[,] je t'en supplie, ne me refuse pas... Vraiment, t[u] peux bien faire cela pour moi.

EMMA.

Tu es folle! comment veux-tu que je me fass[e] épouser par ce monsieur qui ne pense pas à moi[,] qui ne me connaît même pas.

JULIETTE.

Quand il te connaîtra, il t'adorera; vous vou[s] ressemblez en tout.

EMMA.

Merci!

JULIETTE.

Vous avez les mêmes idées, les mêmes goûts[,] enfin, vous êtes faits l'un pour l'autre... Sois aimable, sois jolie, sois coquette, sois adorable[,] tourne-lui la tête et quand il sera empoigné, surtout ne le lâche pas!

EMMA.

Je crois que tes parents me sauraient fort mau[-]

vais gré de jouer ce rôle tout au moins étrange de chercher à t'enlever un monsieur qu'ils te destinent.

JULIETTE.

La fin justifie les moyens... songe donc que j'en mourrai si on me force à l'épouser. Ainsi, ma vie est entre tes mains !

UN DOMESTIQUE entre.

M. Crapelet demande si Mademoiselle veut bien le recevoir ?

JULIETTE.

Allons bon ! (Au domestique.) Est-ce que mes parents ne sont pas là ?

LE DOMESTIQUE.

Monsieur et Madame sont dans le parc ; Jean est allé les prévenir.

JULIETTE, d'un air résigné.

Alors faites entrer. (Le domestique sort.) Tu vois, papa et maman se sont esquivés, c'est un complot, un guet-apens !... Emma, je t'en prie, ne m'abandonne pas et n'oublie pas nos conventions. Tu as promis.

EMMA.

Je n'ai...

LE DOMESTIQUE, annonçant.

Monsieur Crapelet.
(Le domestique sort après avoir posé sur la table un grand sac.

SCÈNE III.

JULIETTE, EMMA, MARCEL.

(Il est mis avec une certaine recherche et porte avec aisance un costume de campagne; il tient une pile de boîtes de dragées.)

JULIETTE, à Emma.

Monsieur Crapelet. (A Marcel.) Mon amie, Mademoiselle Emma Flaubert.

MARCEL, à Juliette.

Voulez-vous permettre au compère de vous offrir les dragées du baptême.

JULIETTE.

Vous avez été parrain?

MARCEL.

Comment! avez-vous déjà oublié notre filleule, la Julietta?

JULIETTE.

Ah oui, la Julietta Difformibus.

MARCEL.

Je ne lui donnais pas l'épithète qui convient si mal à la marraine. (Il dépose la pile sur une table.)

EMMA, prenant une des boîtes.

Ah, quel joli dessin! des fleurs, des papillons. c'est charmant!

MARCEL.

On ne pouvait guère orner les boîtes d'un gros bébé rose et joufflu; et le portrait de la filleule eut été peu gracieux.

EMMA.

Vois donc, Juliette, quel ravissant bouquet de pensées! (Elle prend une autre boîte.) Tiens, celle-là n'est pas semblable à la première, le sujet en est encore plus joli, (elle en prend une troisième) des roses, des myosotis. (Elle la regarde de près.) Mais ce n'est pas une reproduction... c'est une peinture faite à la main... et assurément par un artiste... aussi modeste qu'habile car il n'a pas signé.

MARCEL.

Il n'avait d'autre ambition que celle d'être agréable à la marraine.

EMMA.

Elle serait bien difficile si elle n'était pas satisfaite, ce sont de petits chefs-d'œuvre.

MARCEL.

Ah, Mademoiselle, vous me flattez.

EMMA.

C'est donc de vous, Monsieur? Je vous en fais mon compliment.

JULIETTE.

Je vous remercie pour moi et pour mes amies.

LOUISE.

Et dans ce sac, est-ce qu'il y a aussi des friandises?

MARCEL, à Juliette.

Ce sac est destiné à vos pauvres. Je sais que le jour de votre fête, c'est fête aussi pour tous les malheureux; que le plaisir de donner est plus grand pour vous que celui de recevoir; et j'ai pensé qu'une pluie de dragées tombant quelques jours après la Saint-Médard ferait bénir votre patronne et celle qui porte son nom.

EMMA.

C'est un plaisir de vous avoir pour compère... Si nous parlions un peu de votre filleule : à quelle famille rattachez-vous ce champignon si rare dans nos contrées?

MARCEL la regarde avec étonnement.

Cela vous intéresse?

EMMA, avec exagération.

Énormément! La cryptogamie m'aurait passionnée et je regrette vivement que mes connaissances soient aussi restreintes. Il me semble que ces recherches scientifiques doivent avoir le plus grand attrait.

MARCEL.

En effet, Mademoiselle, elles intéressent et passionnent à deux points de vue : d'abord on poursuit un but qui amène parfois des résultats utiles, et puis la nature est si belle dans ses plus petits détails qu'on ne se lasse jamais de l'étudier. La science nous dévoile mille beautés que nous ne pressentions pas et le microscope nous fait tomber en extase devant cette admirable harmonie qui règne dans la nature et qui préside à l'existence du plus petit être comme du plus grand.

EMMA.

Pauvres ignorants que nous sommes, nous ne nous doutons pas de tout cela et nous foulons aux pieds sans y prendre garde des milliers d'êtres dont nous ne savons pas même les noms.

MARCEL.

Si cela vous intéresse, je pourrai vous montrer des collections de ces insectes microscopiques qui, vus à la loupe, vous paraîtront des merveilles.

EMMA.

Je ne demande pas mieux ; cela me fera le plus grand plaisir... avez-vous aussi des papillons ?

MARCEL.

Une superbe collection que j'ai rapportée du Brésil.

JULIETTE.

Vous avez beaucoup voyagé ?

MARCEL.

Beaucoup et j'espère bien voyager encore. Je voyage en touriste fort épris des sites pittoresques et j'aime à en fixer le souvenir sur mon album. Ma manie de collectionneur trouve partout à glaner quelque fleur rare ou quelque insecte inconnu en France. J'avais un ami qui partageait mes enthousiasmes et mes surprises de chercheur; il m'a accompagné dans tous mes voyages. Malheureusement il est perdu pour moi.

EMMA, avec intérêt.

Il est mort?

MARCEL.

Non, mais il est marié; et tout en me conservant son affection, il m'a fait comprendre que je ne pouvais plus compter sur lui comme compagnon de route.

JULIETTE.

Le mariage a coupé les ailes du voyageur.

MARCEL.

Non, mais l'amour a détrôné l'amitié : il a trouvé une compagne aussi vaillante que lui qui s'intéresse à ses recherches et les encourage. Ils ont déjà visité une partie de l'Europe. Voyager ainsi est la réalisation de l'idéal.

EMMA, à elle-même avec exagération.

Oui, c'est un beau rêve!... Avez-vous visité l'Algérie? On dit que c'est le Paradis terrestre.

MARCEL.

C'est en effet un pays enchanteur; je l'ai vu pourtant sous un assez triste aspect; une plaie terrible s'était abattue sur le pays : les sauterelles y faisaient des ravages épouvantables. Et vraiment quand on voit les désastres causés par ce fléau, la misère qui en résulte, des populations entières qui souffrent et qui meurent, on serait tenté de consacrer sa vie à chercher un remède à cette horrible calamité. En présence d'une pareille désolation, on ne travaille plus seulement avec son intelligence, on travaille avec son cœur : celui qui aurait trouvé le moyen de conjurer ce fléau serait béni par tout un peuple.

JULIETTE, avec entraînement.

Eh bien, il faut le chercher ce remède, il faut le trouver.

MARCEL.

Hélas, c'est plus facile à dire qu'à faire : les expériences prennent beaucoup de temps, réclament beaucoup d'argent; et quand on croit toucher au but, on s'aperçoit souvent que l'on a fait fausse route; le découragement vous saisit; et quand on est loin de sa famille, loin de son pays, loin de tous ceux que l'on aime, quand on rentre seul dans une chambre d'hôtel où l'on ne trouve que des visages indifférents, on est bien tenté de laisser ces bons Arabes se battre contre leurs sauterelles et de fuir un sol dévasté pour revenir fouler les champs verdoyants de la France; pour retrouver un sourire ami qui vous console des déceptions et vous encourage à de nouveaux efforts.

La science est une belle chose, intéressante, passionnante, mais elle ne peut remplacer les affections du cœur sans lesquelles l'homme est comme un exilé sur la terre.

EMMA, gaiement.

Eh bien, il faut faire comme votre ami, prendre une compagne qui dans cette belle œuvre ne verra que le but et qui vous le montrera du doigt, s'efforçant en outre de vous aplanir les difficultés du chemin.

MARCEL, regardant Juliette.

Il faudrait trouver cette femme dont vous faites le portrait; une femme qui voulut bien associer sa jeunesse à la vie sérieuse d'un savant.

EMMA.

Il faut éveiller en elle l'intérêt qui doit s'attacher à cette belle cause : ne lui nommez pas en latin les insectes malfaisants auteurs de ces désastres, ne donnez pas le nom savant à ces champignons minuscules dont vous voulez vous faire une arme contre le fléau ; dites-lui simplement, en bon français, que des familles entières sont ruinées et réduites à la plus affreuse misère; que l'ouvrier qui attend le résultat de toute une année de travail voit ses espérances détruites en quelques heures; que la mère voit souffrir ses enfants de la faim; dites-lui tout cela et elle vous comprendra; elle s'associera à vos efforts, soutiendra votre courage près de faiblir et vous donnera l'espérance qui éclaire le but.

MARCEL.

Ah, Mademoiselle, vous donneriez la foi aux plus sceptiques.

UN DOMESTIQUE entre.

Le jardinier demande si Monsieur Crapelet veut bien l'accompagner au potager pour voir le résultat des expériences faites sur la treille.

MARCEL.

Volontiers. Vous permettez, Mesdemoiselles !
(Il sort.)

SCÈNE IV.

JULIETTE, EMMA.

(Elles marchent et restent silencieuses.)

EMMA.

Eh bien, tu ne me remercies pas ?

JULIETTE, froidement.

Mais si, mais si.

EMMA.

Comme tu me dis ça ?

JULIETTE.

Faut-il me jeter à ton cou pour te prouver ma reconnaissance.

19.

EMMA.

Je n'y comprends plus rien... Comment, tu me dis que tu meurs, que ta vie est entre mes mains : je me serais volontiers jetée à l'eau si mon aide avait pu te servir ; j'aurais traversé les flammes pour t'arracher à la mort ; tu me demandes encore plus que tout cela, c'est de te sacrifier un moment ma dignité de femme, ma réserve de jeune fille ; je le fais et tu n'as pas l'air de m'en savoir gré.

JULIETTE, avec ironie.

Je t'en sais le plus grand gré, tu as très bien joué ton rôle.

EMMA.

Il me semble en effet que je ne m'en suis pas trop mal tirée.

JULIETTE.

Je ne te croyais pas si bonne comédienne... tu aurais dû te faire avocat, tu aurais eu beaucoup de succès, tu plaides avec une chaleur !

EMMA.

Je plaidais ta cause.

JULIETTE, à part.

Et peut-être aussi la tienne.

EMMA.

Je répète tes instructions : « Ma petite Emma, sois aimable, sois coquette, tourne-lui la tête ; et surtout, quand il sera bien empoigné, ne le lâche pas.

JULIETTE.

Eh bien, tu as été fort aimable, on ne peut plus coquette et tu lui as tourné la tête.

EMMA.

Je ne crois pas avoir si bien réussi.

JULIETTE, avec dépit.

Il n'a même pas fait attention à moi; c'est une girouette, ce monsieur.

EMMA.

Tant mieux. Pourvu que le vent ne retourne pas de ton côté, tu dois être satisfaite.

JULIETTE.

Enchantée!... Et... à quand le mariage?

EMMA.

Oh, tu vas un peu vite en besogne; il faudrait savoir d'abord si le baromètre est au beau fixe et s'il n'y a pas à craindre un changement de temps.

JULIETTE.

Tu le regretterais peut-être.

EMMA.

Je ne dis pas non ; je le trouve charmant.

JULIETTE, résolûment.

Eh bien... moi aussi.

EMMA.

Allons donc! Pourquoi ne pas l'avouer tout de

suite ? Tu ne l'avais jamais vu qu'en tenue de botaniste et son large chapeau t'avait masqué ses traits : il est sorti de sa coque comme la chrysalide et tu ne dédaignes pas le papillon. Au surplus, tu as raison, car il est fort bien ce monsieur et appelé sans doute à un brillant avenir.

JULIETTE, inquiète.

Sérieusement, je crois qu'il t'a trouvée charmante ; je ne l'ai jamais vu si aimable.

EMMA.

Rassure-toi, ses amabilités n'étaient pas à mon adresse : quand je lui faisais le portrait de la femme de ses rêves, sans doute il me regardait mais parce qu'il n'osait lever les yeux sur toi de crainte de lire l'indifférence sur ton visage et d'être arraché brutalement au songe dont je le berçais. Il me savait gré de plaider sa cause ; et, il me payait d'un regard reconnaissant.

JULIETTE, allant vers la fenêtre.

Tiens, il pense bien à moi ! Le voilà là-bas qui effeuille une rose pour chercher quelques insectes microscopiques.

EMMA.

Ou pour demander à ses pétales le secret de ton cœur... A l'expression de son visage, je devine les réponses : Beaucoup... passionnément... pas du tout !... Elle m'aime... un peu !... Vois comme il paraît heureux ! Il se contente d'une espérance.

JULIETTE.

Ah mon Dieu, le voilà qui revient.

EMMA.

Eh bien, il vient te demander si la rose a dit vrai.

JULIETTE.

Tais-toi, le voilà.

EMMA, riant.

Je vais achever sa conquête; tu vas voir.

SCÈNE V.

Les mêmes, **MARCEL.**

EMMA.

Eh bien, Monsieur, avez-vous tâté le pouls de votre malade?

MARCEL, riant.

Oui, Mademoiselle, et Dieu merci, l'état ne s'est pas aggravé.

EMMA.

Tant mieux. Mais revenons à votre filleule ; c'est, n'est-ce pas, un infundibuliformis?

MARCEL.

Oh! pas du tout. L'infundibuliformis est du genre clitocybe tandis que ma filleule se rattache au genre Coprinus.

EMMA.

Ah! C'est une patouillardi?

JULIETTE, à part.

Qu'est-ce que c'est que tout ce patouillage! Elle est folle!...

MARCEL, à Juliette.

Je vous demande pardon, Mademoiselle, de ce vocabulaire. J'emploie les mots techniques pour votre amie qui me semble une savante.

JULIETTE.

Oh, elle n'en savait pas plus que moi ce matin; mais elle a passé toute la matinée à lire un traité de micologie.

MARCEL.

Cela prouve que mademoiselle s'intéresse à cette science.

JULIETTE.

Ça ne prouve rien du tout... elle lisait par désœuvrement, pour tuer le temps.

MARCEL.

Le temps doit cependant passer vite dans cette belle campagne avec des hôtes aussi aimables.

EMMA.

Ce matin Juliette avait marché sur une mauvaise nouvelle et la conversation languissait un peu.

JULIETTE.

Es-tu mauvaise!

EMMA.

Est-ce que vous trouvez dans ces contrées le cryptogame qu'on nomme communément la trompette du jugement dernier?

MARCEL, riant.

La trompette des morts, voulez-vous dire.

EMMA.

C'est à peu près la même chose... Est-ce qu'il est classé dans le genre comestible.

JULIETTE, moqueuse.

Il me semble que son nom indique suffisamment qu'il convie les vivants au dernier banquet.

MARCEL.

Eh bien, pas du tout. Il est fort mal nommé car il est excellent et exhale un parfum de truffe fort agréable. Je pourrais vous faire là-dessus un petit cours assez intéressant mais je ne veux pas pas ennuyer Mademoiselle Juliette par ces nomenclatures fastidieuses. La classification dépoétise tout ce qu'elle aligne en des rangées symétriques si éloignées du désordre charmant de la nature : le scarabée aux ailes d'émeraude nous semblera plus éclatant au sein d'une rose que piqué sur un morceau de liège. Le corbeau, si laid dans une vitrine du muséum, a son charme lugubre quand il jette son cri de mort dans les ruines d'un vieux donjon. Il faut voir planer l'oiseau de proie et ne pas le sentir enchaîné, triste et métamorphosé par l'esclavage. Le lierre qui décore de ses vertes girandoles les troncs d'arbres les plus décharnés serait grotesque dans une jardinière. Chaque être, chaque plante a son cadre qui lui est propre et sans lequel il perd tout son charme. Aussi j'estime que le savant, pour conserver le sentiment du beau, doit être doublé d'un artiste. Que diriez-vous d'un monsieur qui en voyant une jolie femme chercherait d'abord à quelle race elle appartient?

JULIETTE.

Elle serait sans doute classée par vous parmi les quadrumanes.

MARCEL.

Oh ça, c'est une pierre dans mon jardin.

JULIETTE.

Ne disiez-vous pas hier que l'homme descendait du singe?

MARCEL.

Je ne parlais que de notre sexe, car la femme doit évidemment descendre des dieux.

EMMA.

C'est très aimable pour nous, mais ce n'est pas une réponse.

MARCEL.

Ah ah! Il est difficile de vous échapper!... Eh

bien... qui me dit que je ne suis pas une plante ou un animal perfectionné? Qui me prouve que je n'ai pas passé par des transformations progressives pour en arriver à ce que je suis aujourd'hui? Qui m'assure que je ne me perfectionnerai pas encore?

JULIETTE.

Je ne suis pas assez savante pour vous répondre, mais je crois que les savants les plus éminents n'en savent pas beaucoup plus que moi là-dessus. Alors j'aime mieux croire aveuglément à l'histoire de la création, telle qu'on me l'a apprise dans mon enfance. C'est que Dieu, après avoir créé les arbres, les plantes, les animaux, a créé un être supérieur à tout cela qui se rapproche de lui par l'âme et par l'intelligence.

MARCEL, un peu moqueur.

Et cet être a été placé dans un délicieux jardin appelé le Paradis terrestre, sous la garde d'un ange qui en défendait l'entrée.

JULIETTE.

Certainement. On m'a dit encore qu'Adam et Eve avaient été chassés de l'Eden pour avoir désobéi à Dieu; c'est là l'image de la vie : si nous nous conduisons bien, nous le retrouverons un jour ce paradis perdu.

MARCEL.

Dieu vous entende!

JULIETTE, sérieuse.

Je le crois fermement. Mais si nous sommes coupables, nous ne le connaîtrons jamais. Voilà ma croyance.

MARCEL

Elle est sublime, mais....

JULIETTE.

Pas de mais! C'est celle qui console celui qui souffre, celle qui arrête l'enfant devant la désobéissance et l'homme devant le crime. Libres aux savants de discuter toutes ces choses; moi, j'aime mieux croire à la poétique légende dont on a bercé ma jeunesse; je préfère l'ignorance qui console et qui nous élève jusqu'à Dieu à la science qui nous enlève l'espérance et nous ravale au niveau de la bête.

MARCEL.

Il y a des bêtes fort intelligentes.

JULIETTE.

Soit! Mais qu'est-ce que cet instinct sans raisonnement à côté du génie de l'artiste, mis en parallèle avec l'âme d'un poète ou seulement avec le cœur d'une mère!

MARCEL.

Vous donnez raison au proverbe, Mademoiselle. Les jeunes curés font les meilleurs sermons. Mais je ne suis pas un pécheur endurci, et votre élo-

UNE DOUBLE CONVERSION. 343

quence n'aurait pas de peine à me convertir. Je ne demande qu'à changer de route et à suivre le bon génie qui me dirigerait dans la bonne voie.

LE DOMESTIQUE, entrant.

Monsieur attend M. Crapelet au billard.

MARCEL, avec empressement.

J'y vais... Mesdemoiselles !

(Il salue et sort.)
(Emma et Juliette restent un moment silencieuses.)

EMMA.

Eh bien ?

JULIETTE.

Eh bien, qu'en penses-tu ?

EMMA.

Je pense... que le rôle du missionnaire m'a toujours tentée.

JULIETTE.

Moi aussi : l'année de ma première communion, je voulais me faire religieuse et je rêvais de partir pour des pays lointains dans le but de convertir des peuplades sauvages.

EMMA.

Sans aller aussi loin, tu peux te donner cette satisfaction et tu ne risqueras pas d'être dévorée par les cannibales. Tu ramèneras dans le droit chemin une âme que tu considères comme égarée ; en faisant route ensemble, vous vous convertirez mutuellement, lui à la foi religieuse, toi au mariage; et la main dans la main, vous vous acheminerez vers le même but : le bonheur!

LE DOMESTIQUE, entrant.

Dois-je mettre le couvert de M. Crapelet?

JULIETTE, après un moment d'hésitation.

Demandez à ma mère.

LE DOMESTIQUE.

J'ai demandé à Madame qui m'a envoyé prendre les ordres de Mademoiselle.

JULIETTE, se rapprochant d'Emma.

Que faut-il répondre? Je serais assez tentée de le retenir.

EMMA, au domestique.

Vous mettrez le couvert de M. Crapelet.

(Le domestique sort.)

JULIETTE.

Eh bien, tu n'attends même pas que nous nous concertions à ce sujet... il va prendre cette invitation pour une avance. Et si j'allais échouer?

EMMA.

Comment, tu as déjà peur? Le missionnaire est brave : les difficultés, les obstacles, les dangers même ne le font pas reculer.

JULIETTE, gaiement.

Tu as raison. Allons, en route!

(Elle s'avance et s'adresse au public.)

Le ramener à la saine croyance (1)
Sera mon rôle et j'y réussirai.
L'ambition donne de l'éloquence,
Et de mon vainqueur je triompherai!

(1) Ce petit couplet peut être dit ou chanté.

FIN.

TABLE.

	Pages.
Préface.	v
Les Filleuls de M. Bonamy	3
Une Ligue.	59
Fleur de Neige.	81
Colloque entre deux petits Français.	115
Noël ou la première désillusion.	125
Les Deux Cousins.	141
La Tirelire.	159
Conspirations.	175
L'Ouverture de la chasse	209
Une Présentation.	221
Un Premier Avril.	245
Une Troupe d'amateurs.	261
La Devise du grand-père Mathieu.	293
Une Double Conversion.	305

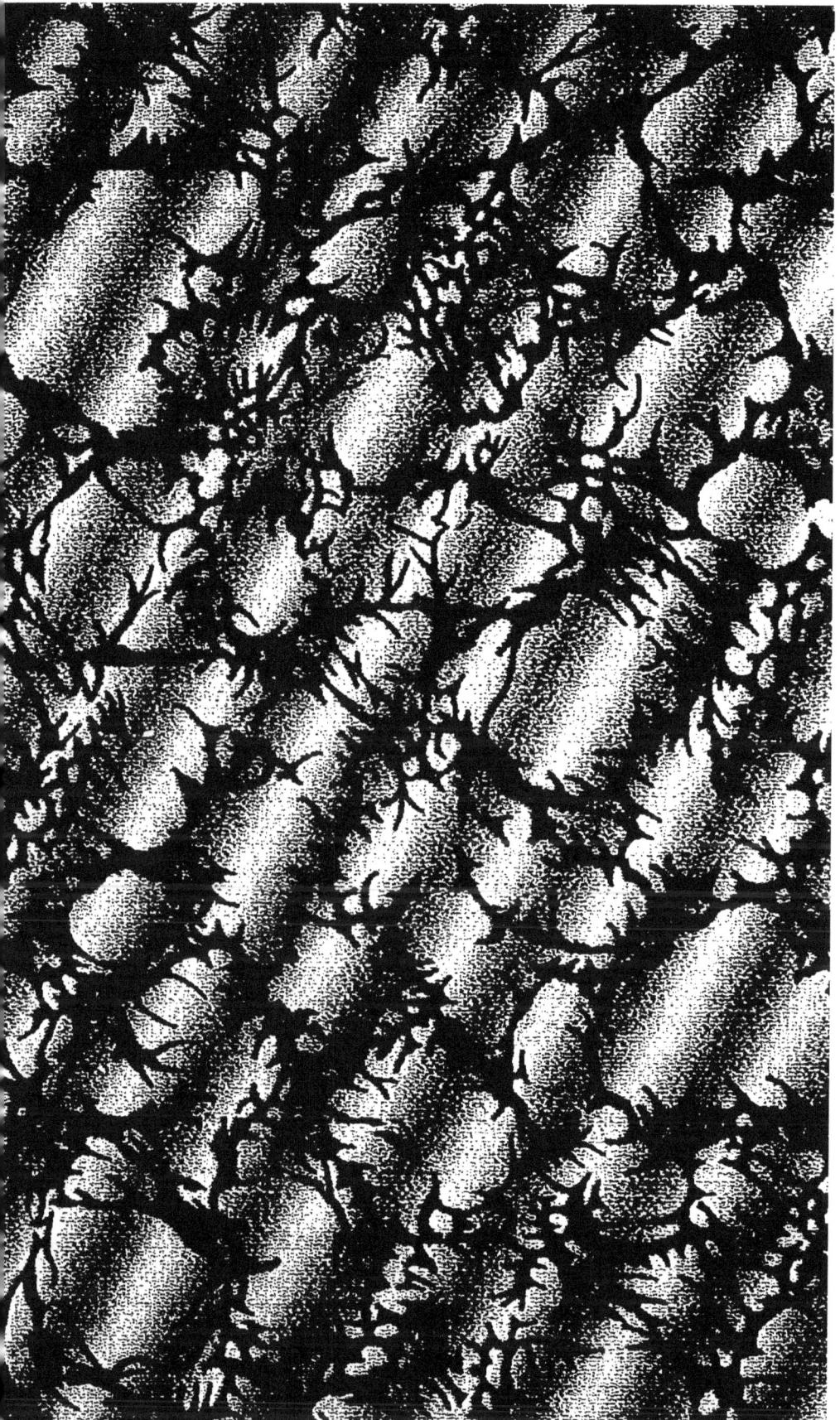

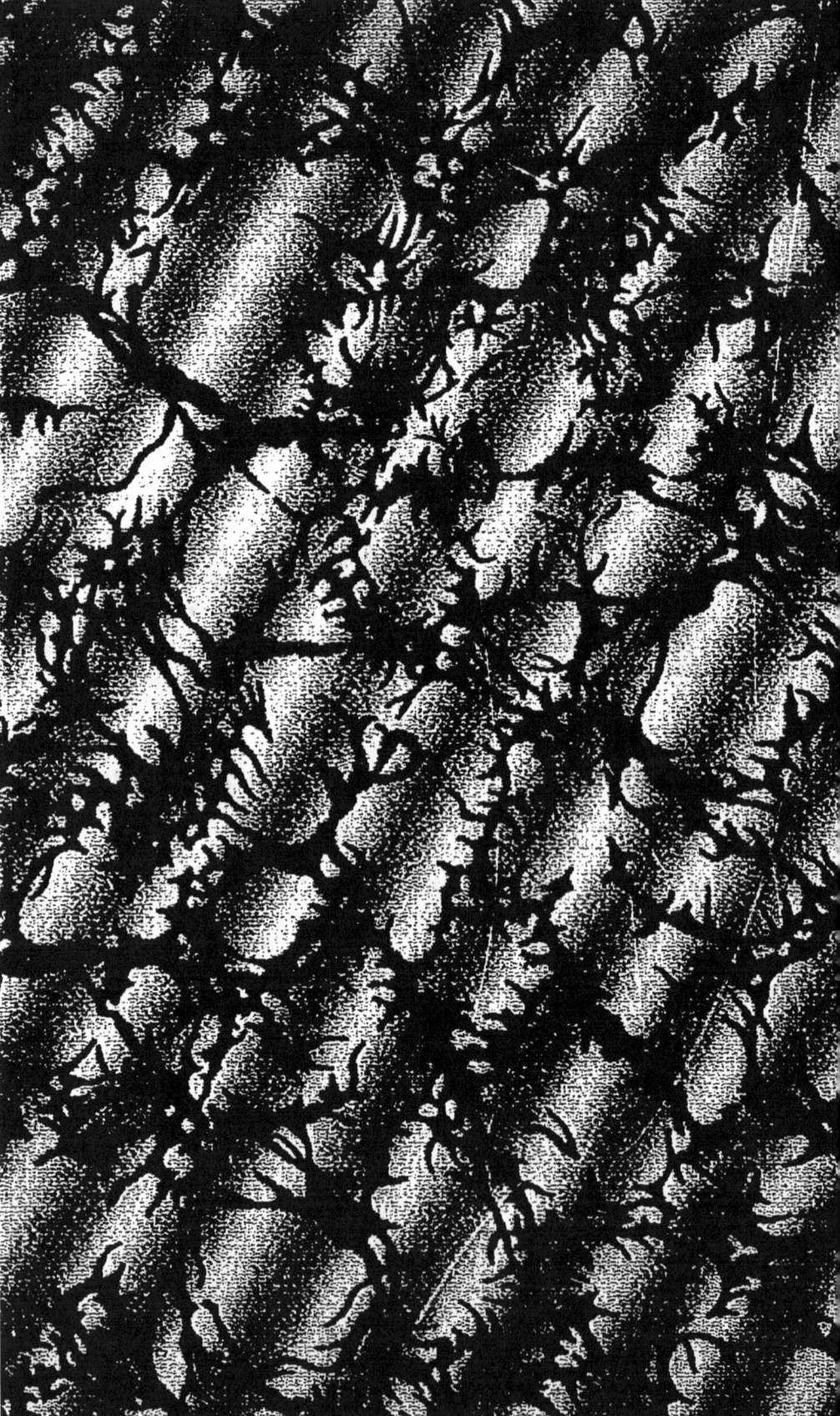

Documents manquants (pages, cahiers...)
NF Z 43-120-13

www.ingramcontent.com/pod-product-compliance
Lightning Source LLC
Chambersburg PA
CBHW050313170426
43202CB00011B/1876